星の王子さま
小王子

星の王子さま
小王子

サン＝テグジュペリ
原著

羅 漢
中国語訳·解説

日本語
仁木敦子

●

録音
羅　漢

はじめに

音声認識や機械翻訳の技術が飛躍的に向上している今では、もはや外国語を学ぶ意味がないのではないかとの意見をよく聞きますが、果たしてそうなのでしょうか。確かに、海外旅行に行くときは翻訳機を持ち歩くだけで外国人と何となく意思疎通ができますし、ビジネスの場面でも翻訳ソフトを使えばお互いに理解し合うことにほとんど困難を感じません。しかし、外国語を勉強する意味は、単なる意思の疎通にとどまることでは決してありません。理由は少なくとも二つあります。

一つは、外国語（相手の母語）でコミュニケーションをとることで相手に身内のような親近感を与えられるからです。この特別な親近感は、ビジネス商談を成功させるなど、実利的な面ではもちろんですが、相手を深く理解しより長期的な信頼関係を築くうえでも極めて重要です。南アフリカ初の黒人大統領だったネルソン・マンデラ氏がかつてこう言いました。

> あなたが相手の理解できる言葉で話せば、それは相手の頭に届く。相手の母語で話せば、それは相手の心に響く。
>
> (If you talk to a man in a language he understands, that goes to his head. If you talk to him in his language, that goes to his heart.)

彼のこの言葉ほど、外国語学習の重要性を鮮やかに表現しているものはないように思います。

外国語を学ぶべきもう一つの理由は、外国語を通じてしか相手の文化や習慣、物事の捉え方を理解できないからです。例えば『星の王子さま』には、小さなキツネが星の王子さまと絆を深めていくうちに真実と友情を学んだエピソードがあります。そのエピソードの中には次のような会話があります。

> 「おいで。ぼくと遊ぼう」小さな王子さまは言った。「ぼく、とても悲しいんだ」
> （"过来啊。和我一起玩吧。"小王子说道："我很伤心。"）

> 「きみとは遊べないよ」キツネは答えた。「なついてないから」
> （"我不能和你一起玩。"狐狸答道："因为我和你还不够亲近。"）

「ああ！ ごめんね」小さな王子さまは言った。少し考えてから、付け足した。「『なつく』って、どういうこと？」

（"啊！ 对不起啊。"小王子说道。他想了一会儿，接着说道："'亲近'是什么意思？"）

（p.149, 8-12行目）

　この会話を中国語に訳したときに非常に困ったのは、「なつく」の訳し方です。なぜなら、「なつく」の意味にぴったり当てはまる中国語の表現が思い浮かばないからです。日本語の「なつく」には「慣れ親しむ」という基本的な意味がある一方、動物や子どもの可愛らしさと彼らとの情緒的なつながりもニュアンスとして感じられます。ところが、中国語の訳語としてよく使われる"驯服"または"驯养"にはそのニュアンスがまったく感じ取れず、逆に「人間が動物を道具としてこき使う」というイメージが前面に出ています。なお、英語の訳語として使われる"tame"はまたこれとは違って、「臆病な」「退屈な」といったニュアンスがあります。ここで注目したいのは、言語間の優劣などではなく、違う言語を話す人々の考え方がいかに異なっているかです。このような微妙なニュアンスの差を感じ取れてはじめて、相手の世界に分け入ることができるのです。これこそが言語学習の醍醐味ではないかと思います。

　『星の王子さま』は、1943年にフランスの作家アントワーヌ・ド・サン＝テグジュペリによって刊行されてから、世界中で翻訳され、広く読まれていて、特に学生や子どもたちに人気です。もちろん、中国の場合も例外ではありません。数々の名訳もある中で、このたびはあえて中国語を勉強している方々のために新訳を作りました。読み進めていくとおわかりのように、本書は中国語と日本語を左右のページに並べた見やすいレイアウトを採用しただけではなく、翻訳にあたってもできるだけシンプルで日常的な中国語表現を使うことを心がけました。そこで本書が、読者の皆様が中国語を勉強するうえでの一助となれば筆者にとって望外の喜びです。

2023年3月

羅　漢

目次

はじめに 5

本書の構成 8

献给莱翁·维尔特 10
レオン・ヴェルトに捧ぐ

第一部 13
第一章－第四章

第二部 43
第五章－第八章

第三部 71
第九章－第十二章

第四部 97
第十三章－第十六章

第五部 129
第十七章－第二十章

第六部 147
第二十一章－第二十四章

第七部 175
第二十五章－第二十七章

本書の構成

本書は、

☐ 日本語本文に対応する中国語訳
☐ 欄外の語注
☐ 覚えておきたい中国語表現
☐ MP3形式の中国語を収録した音声

で構成されています。日本語と中国語を比較しながら、より自然な中国語表現を身につけることができます。

各ページには主要単語や上級単語の語注を入れて、文章の中でその単語がどのような意味で使われているのかをすぐに確認できるようにしました。また、各セクションごとに「覚えておきたい中国語表現」を設け、該当セクションに登場する中国語の中でよく使われる表現、有用に活用できる表現をまとめました。

各章のQRコードをスマートフォンで読み取ると、その章の中国語テキストの音声を聞くことができます。最初は中国語の文を目で追いながら耳で中国語の発音を確認しましょう。その後は、中国語の音声を聞くだけでストーリーを理解することができるように、くり返し聞いてください。いつの間にか中国語に慣れて身についてきた自分を発見することができるでしょう。

＊本書は左ページに中国語、右ページに日本語を配し、対照して読み進めていただけるようつくられています。必ずしも同じ位置から始めることは難しいのですが、なるべく該当の日本語が見つけられやすいように、ところどころ行をあけるなどして調整してあります。

●音声一括ダウンロード●

本書の朗読音声（MP3形式）を下記URLとQRコードから無料でPCなどに一括ダウンロードすることができます。

https://ibcpub.co.jp/audio_dl/0755/

※ダウンロードしたファイルはZIP形式で圧縮されていますので、解凍ソフトが必要です。
※MP3ファイルを再生するには、iTunesやWindows Media Playerなどのアプリケーションが必要です。
※PCや端末、ソフトウェアの操作・再生方法については、編集部ではお答えできません。
　付属のマニュアルやインターネットの検索を利用するか、開発元にお問い合わせください。

星の王子さま
小王子

献给莱翁·维尔特

　　请孩子们原谅我把这本书献给一个大人。我有一个正当的理由。这个大人是我在世界上最好的朋友。我的第二个理由是这个大人什么都懂，就连孩子的书也很懂。我的第三个理由是他现在住在法国，挨饿受冻。他需要有人安慰。如果这些理由还不够的话，我就把这本书献给还是孩子时的他。每个大人都曾经是孩子。（尽管很少有大人记得这件事）

　　因此，我还是这样写吧。

　　献给还是孩子时的莱翁·维尔特

■ 献给 捧げる　■ 安慰 元気づける　■ 不够 足りない　■ 孩子 子ども

10

レオン・ヴェルトに捧ぐ

　この本をあるおとなに捧げて書くことを、子どもたちに許してほしいと思う。言い訳もちゃんとある。このおとなは、ぼくの世界一の親友なんだ。二つ目の言い訳としては、このおとなは何でもよくわかっていて、子どもの本だってちゃんと理解しているということ。三つ目は、彼が今、フランスにいて、ひもじくて寒い思いをしているということだ。彼には元気づけが必要なんだ。それでも理由が足りなかったら、この本は、子どもだった頃の彼に捧げるとしよう。おとなも皆、昔は子どもだった。（そのことを憶えているおとなは少ないけどね）

　だから、こういうことにしよう。

　子どもだったころのレオン・ヴェルトに捧ぐ

第一部

第一章－第四章

|01| 第一章

　　在我六岁的时候，我在一本书上看到一幅精彩的插画。在这本名叫"真实的故事"的书上，画着一幅大蟒蛇正在吃野生动物的画。这就是那张插画。

　　说明的地方写着："蟒蛇一口吞下整个食物。吃完后，因为吃得太饱所以无法动弹。之后，它们必须休息六个月。"

　　我努力地想了很久。之后，我用彩色铅笔画了我的第一幅画。我的第一幅画看起来是这样的。

■ 精彩 素敵　■ 蟒蛇 ボア《南米の大蛇》　■ 插画 さし絵　■ 休息 休む　■ 画 描く

第 1 章

　ぼくは6歳のころ、本で素敵なさし絵を見た。『ほんとうのおはなし』という本で、大蛇ボアが、野生の動物を食べている絵だった。これがその絵だ。

　説明のところには、「ボアは食べ物を一口で丸のみします。食べた後は、満腹すぎて動けません。その後、6か月は休んでいなくてはならないのです」と書いてあった。

　ぼくは、長いこと一生懸命考えた。それから、色えんぴつを使って初めての絵を描いたのだ。ぼくの絵の第1号は、こんな感じだった。

　　我把这幅精彩的画拿给几个大人看。我问他们看到这幅画是否会感到害怕。

　　他们这样回答道："一项帽子有什么可怕的？"

　　我画的并不是帽子。我画的是吃掉大象的大蟒蛇。实在没办法，我又画了第二幅画。为了让大人们也能看懂，这次我把那条蟒蛇里面的样子也画了出来。大人们真是的，没有我的帮助就什么也看不懂。我的第二幅画看上去是这样的。

　　大人们劝我不要再画蟒蛇的里面和外面了。他们让我改学数学和历史还有地理。就这样，在六岁那年我放弃了成为画家的梦想。毕竟第一幅画和第二幅画都没有获得成功。大人们真是的，光靠他们自己什么也弄不懂。于是孩子们必须一遍一遍地解释，直到厌烦。

　　我没有成为画家，而是学会了如何开飞机。之后我飞到过世界的各个地方。地理帮了我很大的忙。我一眼就能分辨出中国和亚利桑那。夜里迷失方向的时候，这是很有用的。

■害怕 怖い　■帮助 助ける　■放弃 やめる、断念する　■梦想 夢　■感到厌烦 嫌になる
■飞机 飛行機　■迷失方向 道に迷う

　ぼくは、この素晴らしい絵を何人かのおとなに見せた。これを見て、怖いかどうか聞いたのだ。

　答えはこうだった。「何で帽子が怖いのさ？」

　ぼくは帽子を描いたんじゃない。これは、象を食べた大蛇ボアなのだ。仕方がないから、2枚目の絵を描いた。おとなでもわかるように、同じボアの、今度は中身まで描いてやった。おとなって、助けてもらわないと何もわからないのだ。ぼくの第2作目は、こんな感じだった。

　おとなたちはぼくに、ボアの内も外も描くのはやめるように言った。代わりに数学と歴史と地理をやれって。こういうわけで、ぼくは6歳にして絵描きになる夢を断念した。第1号も第2号もうまくいかなかったからだ。おとなって、自分だけでは何もわからないのだ。それで子どもたちは、何度も何度も説明するのが嫌になるのだ。

　絵描きになる代わりに、ぼくは飛行機の乗り方を覚えた。そして世界のあらゆるところへ飛んだ。地理はとても役に立った。ぼくは、ちらっと見ただけで中国とアリゾナの違いがわかるんだからね。夜、迷った時は、これでずいぶん助かるよ。

我见过许多大人物。我在大人们中间生活了很长时间，近距离地观察过他们。即便如此，我对大人们的看法也没有改观。

每当我遇到看起来明白事理的大人时，我总是会做一个小小的测试。那就是给他看我的第一幅画。我想看看他们是否真能看懂这幅画。但是他们的反应总是一样的："这是顶帽子啊。"于是我就不和他们聊大蟒蛇、野生动物、还有星星之类的事。相反我会和他们聊大人们可能感兴趣的事。比如说高尔夫啊，时尚圈啊，潮服之类的。于是大人们就会非常高兴能认识我这样一个通情达理的人。

 # 第二章

多年来，我的生活一直很孤独。没有一个能真正说上话的人。直到六年前，我的飞机在撒哈拉沙漠里发生了故障。我只有孤单的一个人。我明白在没有任何人的帮助下，必须靠自己的力量把飞机修好。不能活下来就只能去死。饮用水也所剩无几。大概只能撑八天左右。

■ 大人物 偉い人、大物 ■ 看法 意見、見方 ■ 改观 ましになる ■ 测试 テスト ■ 感兴趣 興味を持つ ■ 高尔夫 ゴルフ ■ 饮用水 飲み水

　ぼくは、今まで偉い人にたくさん会った。おとなたちに混じって長いこと暮らして、彼らを間近で見てきた。それでも、おとなに対するぼくの意見はましにならなかった。

　もののわかりそうなおとなに会うと、必ずちょっとしたテストをやった。ぼくの絵の第1号を見せたのだ。この絵が本当にわかる人かどうか見たかった。でも、反応はいつも同じだった。「帽子だね」そこでぼくは、大蛇ボアのことも、野生の動物も、星のことも話さないことにする。代わりに、おとなが興味を持ちそうな話をしてやるのだ。ゴルフだの、社交界だの、洋服だの。そうすると決まっておとなは、とても感じのいい人に会ったと大喜びするのだ。

第 2 章

　何年もの間、ぼくの人生は孤独だった。ほんとうに話せる相手はだれもいなかった。そして6年前、ぼくの飛行機はサハラ砂漠で故障した。ぼくは全くのひとりぼっちだった。だれの助けもなく、自力で飛行機を直さなければならないとわかっていた。生きるか死ぬかだ。飲み水はほんのわずかしかない。8日くらいしかもたないだろう。

小王子

在沙漠里的第一个夜晚，我很快就睡着了。我实在是疲惫不堪。我处在一个离任何人或任何地方都有数千英里远的地方。我感到比一个独自在大洋正中的小船上的水手更加孤独。所以在第二天清晨，当一个陌生的小声音叫醒我时，可以想见我是多么的吃惊。那个小声音说：

"麻烦你了……给我画一只羊吧！"

"你说什么？"

"给我画一只羊吧……"

我十分吃惊地站了起来。只见一个陌生的小男孩正盯着我看。这幅画我尽可能地画得像一些。这是我之后画的。我的画当然远不够完美。毕竟在我六岁时，当我还处在只会画大蟒蛇的里面和外面的阶段，大人们就已经劝我放弃了画画了。

■ 睡着 眠る ■ 疲惫不堪 疲労こんぱい ■ 水手 船乗り ■ 清晨 朝方 ■ 吃惊 驚く、びっくりする ■ 完美 完ぺき ■ 阶段 段階

　砂漠での最初の晩、ぼくはすぐ眠りについた。疲労こんぱいしていたのだ。だれからも、どこからも、何千マイルも離れたところにぼくはいた。大洋の真っ只中の小船にひとりぼっちでいる船乗りよりも、もっと孤独な気がした。だから朝方、小さな聞き慣れない声に起こされた時、ぼくがどれほど驚いたかわかるだろう。その声は言った。

「お願いだよ……ヒツジを描いて！」

「何だって？」

「ヒツジを描いてよ……」

　ぼくはびっくり仰天して立ち上がった。見たこともない男の子がぼくをじっと見ていた。できるだけ似せて描いたのがこれだ。後になってから描いたのだ。ぼくの絵はもちろん、完ぺきからはほど遠い。なにせ6歳のとき、まだ大蛇ボアの内と外しか描けない段階で、おとなから絵を描くのをやめさせられたんだからね。

　　我惊讶地瞅着这个孩子。还记得我处在一个离任何人或任何地方都有数千英里远的沙漠里吧。然而这个孩子却没有显出任何迷了路、累了、肚子饿了、或是害怕的神情。怎么看他都不象是一个在沙漠中间迷了路的孩子。当我好不容易能说出话来的时候，我对他说：

　　"但是……你在这干什么呢？"
　　那个孩子又重复说道：
　　"麻烦你了……给我画一只羊吧……"
　　我照他说的做了。我翻开口袋，拿出一张纸和一支笔。但是就在这时我却想起了一件事。我在学校学过很多东西，但是唯独不会画画。于是我有点不太高兴地把这件事告诉了小男孩。然而他却这样说：

　　"没关系的。给我画一只羊吧。"
　　因为我没有画过羊，所以我就画了我所仅仅会画的两幅画中的一幅。我画的是那条吞食了大象的大蟒蛇的外侧。小男孩看着这幅画。然后，惊讶地对我说：

　　"不对，不对！我不想要什么吞食大象的蟒蛇的画。蟒蛇十分危险，大象又太大了。毕竟我住的地方任何东西都很小。我想要的是一只羊。给我画一只羊吧。"

　　于是我就画了一只羊。
　　小男孩仔细地瞅了瞅，说道：
　　"不行。这只羊看上去病快快的。再画一只别的吧。"

■ 口袋 ポケット　■ 没关系 関係ない　■ 吞食 飲み込む　■ 病殃殃 病気で元気のない様子

　ぼくは、あっけに取られてこの子を見つめた。ぼくが、だれからもどこからも何千マイルも離れた砂漠にいたことを思い出してくれ。なのにこの子は、道に迷ったり、疲れたり、腹が減ったり、怖かったりという様子がなかった。どう見ても、砂漠の真ん中で道に迷った子どもには見えない。ようやく口をきけるようになったとき、ぼくは言った。

　「でも……ここで何してるんだ？」

　その子はまた言った。

　「お願いだよ……ヒツジを描いて……」

　ぼくは言われたとおりにした。ポケットを探って、紙きれとペンを取り出した。ところがそこで、あることを思い出したのだ。学校ではいろんなことを習ったが、絵の描き方はわからない。ぼくはちょっと不機嫌な声で、男の子にそう言った。でも答えはこうだった。

　「そんなこと、関係ないよ。ヒツジを描いてよ」

　ぼくはヒツジを描いたことがなかったので、描けるとわかっている２枚のうちの１枚を描いた。象を飲み込んだ大蛇ボアの外側を描いたのだ。男の子はそれをながめた。そして、驚いたことにこう言ったのだ。

　「違う、違うよ！　象を飲み込んだボアの絵なんかほしくないよ。ボアはとても危険なやつだし、象は大きすぎる。ぼくの住んでいるところは、何でもとても小さいんだからね。ぼくがほしいのはヒツジなんだよ。ヒツジを描いてよ」

　そこでぼくはヒツジを描いた。

　男の子は、注意深く見て、こう言った。

　「だめだよ。このヒツジは病気みたいじゃないか。別なのを描いてよ」

于是我另画了一只。

我的新朋友微笑着说：

"这不是一只普通的羊——这是一只公羊。他长了犄角。"

我又画了一只。但是这一只似乎也没有被小男孩看上。

"这只羊年纪太大了。我想要一只能活得很久的羊。"

我不耐烦了。因为我急着要修理飞机。于是，我草草画了下面这幅画，说道：

"这是一个箱子。你想要的羊在这里面呢。"

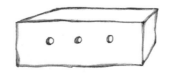

我吃惊地看到小男孩脸上泛起了笑容。

"我想要的就是这个！你觉得这只羊很能吃吗？"

"你为什么这么问？"

"因为我所在的地方任何东西都很小啊。"

"这只羊吃得不怎么多。我给你的是一只很小的羊。"

小男孩一直盯着那幅画看。

"并不像你说的那么小啊……你瞧！它睡着了……"

就这样，我认识了小王子。

■微笑 微笑む ■年纪 歳、年龄 ■能吃 たくさん食べる ■盯着看 じっと見る ■认识 出逢う、知り合う

そこで別なのを描いた。

ぼくの新たな友達は微笑んで、言った。

「これは普通のヒツジじゃないよ——牡ヒツジじゃないか。角がついてるよ」

ぼくはまた描いた。でもこれも、男の子には気に入らないらしかった。

「このヒツジは年を取りすぎてるよ。長いこと生きるヒツジがほしいんだ」

ぼくは急いでいた。飛行機を修理したかったのだ。だから、下のような絵を手早く描いて、こう言った。

「これは箱だよ。きみのほしがってるヒツジはこの中にいるよ」

男の子の顔が輝いたので、びっくりした。

「これがほしかったんだよ！　このヒツジはたくさん食べると思う？」

「なぜだい？」

「だってぼくのいたところでは、何もかもがとても小さいんだもの」

「このヒツジはあんまりたくさん食べないよ。とても小さなヒツジをあげたんだから」

男の子は、その絵をじっと見ていた。

「そんなに小さくないよ……見て！　眠っちゃった……」

ぼくはこうして、小さな王子さまと出逢ったのだった。

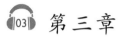 第三章

我费了好长时间才弄清楚小王子是从哪里来的。

小王子问了我好多问题，但是他似乎没有听到我问他的问题。我对于小王子的了解，是从他无意中说的话里偶然得知的。当他第一次看见我的飞机时（飞机我就不画了。因为太难画了），他说：

"那边的那个是啥？"

"不是那个啥。它是会飞的。是飞机。那是我的飞机。"

我对于告诉他自己会开飞机这件事感到很骄傲。小王子惊呼道：

"你说什么？你是从天上摔下来的？"

"对啊。"我答道。

"原来如此！那太有意思了。"

接着小王子便笑了起来，但我却对此不以为然。我希望他能严肃地对待别人的问题。终于小王子还是说：

■ 第一次 初めて　■ 骄傲 誇らしい　■ 有意思 面白い　■ 不以为然 気に入らない　■ 对待 受けとめる、向き合う

第 3 章

　王子さまがどこから来たのか、知るにはとても時間がかかった。

　王子さまはぼくにたくさんの質問をしたけれど、ぼくの質問は聞こえないみたいだった。ぼくが王子さまについて知ったことは、彼が何気なく言ったことから偶然にわかったのだ。ぼくの飛行機を初めて見たとき（飛行機の絵を描くのはやめにしておく。難しすぎるからね）、王子さまは言った。

　「あそこにあるあれ、なあに？」

　「あれじゃないよ。飛ぶんだよ。飛行機だ。ぼくの飛行機だよ」

　ぼくは、自分が飛行機に乗れると言うのが誇らしかった。王子さまは叫んだ。

　「なんだって？　きみは空から落ちてきたの？」

　「そうだよ」ぼくは言った。

　「そうか！　それは面白い」

　そして小さな王子さまは笑い始めたが、ぼくは気に入らなかった。人の問題は深刻に受けとめてほしいものだ。ついに王子さまは言った。

"这么说，你也是从天上来的咯！你是从哪个星球来的？"

这句话为我弄清小王子谜一般的身世提供了新的线索。于是我立刻问道：

"这么说，你是从别的星球来的咯？"可是小王子什么也没说。接着，他一边看着我的飞机一边说道：

"的确，你不可能是从很远的地方来的……"

此后很长一段时间他都没有说话。他从口袋里拿出我画的羊，高兴地欣赏起来。

我对小王子所说的"别的星球"非常感兴趣。我想知道更多，于是就试着问他：

"我问你啊，你是从哪儿来的？你的家在哪里？你要把我的羊带到哪里去？"

过了一会，小王子回答说：

"你送给我用来装小羊的盒子让我很开心。因为到了晚上，我可以把它当作羊圈来用。"

"那是自然。如果你听话的话，我就再给你画一根白天用来拴羊的绳子。"

我的建议似乎让小王子吃了一惊。

"把羊拴起来？这想法也太荒唐了吧！"

■ 线索 情報、ヒント　■ 立刻 すばやい、すぐさま　■ 欣赏 ながめる　■ 羊圈 ヒツジ小屋　■ 建议 申し出、提案

「じゃ、きみも空から来たんだね！　どの惑星から？」

わからないことだらけの王子さまの、これは新しい情報じゃないか。ぼくはすばやくたずねた。

「じゃ、きみは別の惑星から来たんだね？」でも王子さまは何も言わなかった。そして、ぼくの飛行機を見ながらゆっくりと答えた。

「確かに、きみはあまり遠くから来られたはずがないね……」

それきり長い間しゃべらなかった。ポケットからぼくが描いたヒツジの絵を取り出して、嬉しそうにながめていた。

ぼくは、王子さまが「他の惑星」と言ったことに興味しんしんだった。もっと知りたくて、たずねてみた。

「ねえきみ、きみはどこから来たの？　きみのおうちはどこ？　ぼくのヒツジをどこへ連れて行くの？」

しばらくして、王子さまは答えた。

「ヒツジ用の箱をくれて嬉しいよ。夜になれば、ヒツジ小屋に使えるもの」

「もちろんだとも。きみがいい子なら、昼の間、ヒツジをつないでおくものを描いてあげるよ」

ぼくの申し出は、王子さまにはショックだったようだ。

「つないでおく？　なんておかしな考えだろう！」

"但是如果不把它拴起来，它就会到处跑。跑丢了也说不定。"

小王子又笑了起来。

"你觉得他会跑去哪儿？"

"哪儿都有可能。也可能一直往前跑。"

小王子郑重其事地说：

"这没有什么关系——在我那里什么都小得可怜！"

接着，他用略带伤感的声音补充了一句：

"即使它一直朝前走，也走不了多远……"

 第四章

就这样，我得知了另一件重要的信息。就是小王子的星球比一座房子稍微大一点！

对此我并不感到惊讶。因为我知道除了地球、木星、火星和金星这样的大行星之外，还有几百个小行星。当一个天文学家发现这样的小行星之后，他不会给它起名字，而是给它编上一个号码。比如像3251行星这样。

■一直 ずっと　■郑重其事 重々しい　■补充 付け加える　■远 遠い

「でもつないでおかなかったら、歩き回ってしまうよ。いなくなってしまうかも知れない」

王子さまはまた笑い出した。

「どこへ行くと思うの？」

「どこでも。ずうっとまっすぐかもしれない」

小さな王子さまは、重々しく言った。

「それは問題にならないよ――ぼくのところは、なんでも本当に小さいんだからね！」

そして、悲しげにも聞こえる声で、付け加えた。

「まっすぐ進んでも、あまり遠くへは行けないよ……」

第 4 章

これで、二つ目に大事な情報がわかったのだった。王子さまの惑星は、家一軒よりちょっと大きいくらいなのだ！

これには、ぼくは驚かなかった。地球や木星、火星、金星のような大きな惑星がある一方で、何百もの小惑星があることを知っていたからだ。天文学者はこういう小さい惑星を発見したら、名前じゃなくて、数字をつける。惑星3251みたいにね。

我有理由相信小王子是来自B612 星球。这个星球只在 1909 年被观测到了一次。是土耳其的天文学家观测到的。那位学者在国际天文学会议上提出了自己的发现。然而因为他是穿着土耳其的民族服装去的，所以没有一个人相信他说的话。大人们啊，就是这样。

幸好，土耳其的一个独裁者，为了 B612 星球的未来，要求土耳其臣民必须穿着欧式服装。刚才提到的那位天文学家，在 1920 年再次提出了调查报告。他这次穿了一身十分帅气的西服。于是，所有人都相信他了。

■相信 信じる　■土耳其 トルコ　■民族服装 民族衣装　■幸好 幸いなことに　■西服 スーツ

　ぼくには、王子さまが惑星B612から来たのだと信じる理由がある。この惑星は、1909年に一度だけ観測された。トルコの天文学者が観測したのだ。その学者は、国際天文学会議で自分の発見を発表した。ところがトルコの民族衣装を着ていったので、だれも彼の言うことを信じなかった。おとなって、そういうものなんだ。

　惑星B612の未来のためには幸いなことに、トルコの支配者が、トルコ臣民は西洋の洋服を着なければならないことにした。さっきの天文学者は、1920年にもう一度、発見報告をした。とてもかっこいいスーツを着ていた。そしたら、だれもが信じたんだよ。

小王子

　　我之所以介绍这个星球的背景和官方编号，是为了大人们着想。因为大人们最喜欢数字了。他们交到新朋友的时候，完全不会问重要的事情。比如像"他说话的声音如何啊？喜欢玩什么游戏啊？喜不喜欢收集蝴蝶标本啊？"之类的。相反，他们净问一些像"多大年纪啊？有几个兄弟姐妹啊？体重有多重啊？父母的收入大概是多少啊？"之类的的问题。他们只有在打听到这些数字之后，才感觉能真正了解对方。如果你对大人们说"我看到一幢用玫瑰色的石头盖成的漂亮房子，窗边摆着花朵……"，他们绝对想象不出那是一幢什么样的房子。为了让他们明白，你只能说"我看到一幢价值十万法郎的房子"。于是他们便会说"多么漂亮的房子啊！"

　　因此如果你说"小王子存在的证据就是他非常帅气，他笑着，想要一只羊。他想要一只羊这件事，就能证明他的存在"，大人们大概是不会相信的。他们一定会把你当成孩子看待。但是如果你说"他是从B612 星球来的"，大人们不但会相信你，更不会来找你问东问西。大人们啊，就是那样的。不能怪他们。孩子们必须得善待他们。

　　当然，像我们这些懂得人生的人，对于数字什么的只会一笑了之。这本书我本想用一个美丽的故事作为开头。比如像这样开头：

　　"很久很久以前，在某个地方住着一个小王子。他住在比自己稍大一点的星球上，他想要交朋友……"对于懂得人生的人来说，我觉得这样写更具有真实感。

■ 玫瑰 バラ　■ 房子 家　■ 把～当成孩子看待 ～を子ども扱いする　■ 开头 出だし　■ 真实感 現実味

　ぼくがこの惑星の背景と公式番号の話をしたのは、おとなたちのためだ。おとなは数字が大好きだからね。新しい友達ができたとき、おとなは肝心なことはぜんぜん聞かないんだ。「その子の声はどんな感じ？　どういう遊びが好き？　蝶を集めたりする？」なんてことは、絶対に聞かない。代わりに、「年はいくつ？　お兄さんやお姉さんは何人いる？　体はどのくらい大きい？　ご両親はいくらくらい稼ぐの？」っていうことばかり聞くんだ。こういう数字を聞いて初めて、その子のことがわかったような気になるんだよ。「窓辺に花がかざってあって、バラ色の石でできた素敵な家を見たよ……」と言ったら、おとなはどんな家か想像もつかないだろう。彼らにわからせるには、「10万フランもする家を見たよ」と言わなけりゃならないんだ。そうしたら「なんて素敵な家だろう！」って言うよ。

　だからもし、「小さな王子さまが本物だってことは、王子さまが素敵で、笑って、ヒツジをほしがったからわかるよ。ヒツジをほしがるってことは、本物だってことだよ」なんて言ったら、おとなは信じないだろう。きみを子ども扱いするに決まってる。でももし、「惑星B612から来たんだよ」と言えば、おとなは信じるだろうし、いろいろ質問してこなくなるだろう。おとなって、そういうものなのだ。責めちゃあいけないよ。子どもはおとなにやさしくしてあげなきゃ。

　もちろん、人生のことがわかってるぼくらは、数字なんか笑い飛ばすよ。この本は、美しいお話として始めたかったな。こういう出だしのね：

「昔々、あるところに小さな王子さまがおりました。自分よりちょっと大きいだけの惑星に住んでいて、友達をほしがっていました……」人生ってものがわかってる人には、この方がもっと現実味があったと思うよ。

小王子

　　谁也不能以玩笑的态度来读我这本书。因为我在写它的时候真的感到很悲伤。自从我的朋友带着羊离开，已经过去了六年之久。如今，我在写这本书是因为不想忘记小王子。忘记自己的朋友是一件令人伤心的事。不是任何人都会有朋友的。说不定就连我，也会变得像大人们那样只对数字感兴趣。因此我买来了颜料盒和彩色铅笔。到我这个年纪才开始画画并不容易。更何况我只画过大蟒蛇的里面和外面呢！我会努力好好画的。但是结果大概会不尽人意吧。第一幅画还算凑合。然而第二幅画就画得跟小王子似像非像了。下一幅画把他画得太高。再下一幅把他画得又太小。再加上我对小王子衣服的颜色也拿不准。就这样，我一直努力地画着。画错一些地方也是难免的。但是大家一定要原谅我。因为我的朋友小王子，一次也没有为我解释过这些。他一定是认为我跟他是一样的。他肯定觉得我自己一个人什么都懂。但是我没办法看见盒子里的羊。这可能是因为我也变得跟大人们一样了吧。我变成这样也是迫不得已啊。

■ 忘记 忘れる　■ 彩色铅笔 色えんぴつ　■ 不尽人意 うまくいかない、期待通りにならない
■ 似像非像 似ても似つかない　■ 原谅 許す

　だれも、ふざけた気持ちでぼくの本を読んじゃいけないよ。これを書きながら、ぼくは本当に悲しいんだから。ぼくの友達が、ヒツジを連れていなくなってから、もう６年が過ぎた。今、書いているのは王子さまのことを忘れないためだ。友達のことを忘れるのは悲しいことだ。だれもが友達を持てるわけじゃない。ぼくだって、数字のことしか興味のないおとなみたいになるかもしれないしね。だから絵の具箱と色えんぴつを買ってきたんだ。ぼくの年になって絵を始めるのは楽じゃない。しかも、大蛇ボアの内と外しか描いたことがないんだからね！　できるだけ上手に描くようにがんばるよ。でもたぶんうまくいかないだろう。１枚目はまだいいんだ。ところが２枚目は、小さな王子さまとは似ても似つかない代物になる。次の絵では背が高すぎる。次の絵は小さすぎ。それに、王子さまの服の色合いがはっきりわからない。そんな具合に、ぼくは一生懸命描き続ける。いくつか、間違いもするだろう。でも許してくれないといけないよ。ぼくの友達の王子さまは、こういうことを一度も説明してくれなかったんだからね。きっと、ぼくのことを自分と同じだと思ったのだろう。ひとりでなんでもわかっていると思ったのだ。でもぼくには、箱の中のヒツジが見えない。おとなみたいになってしまったのかもしれない。ならなきゃいけなかったんだよ。

覚えておきたい中国語表現

> 我的第一幅画看起来是这样的。（p.14，下から2-1行目）
> ぼくの絵の第1号は、こんな感じだった。

【解説】物や人の見た目を表す場合、"看起来"または"看上去（例文①）"は使いやすい表現です。例文①のように実物を指して言うほか、例文②と③のように「とても似合う」「若々しい」といった評価的な表現に接続することも可能です。

【例文】

① 我的第二幅画看上去是这样的。（p.16，7行目）
　ぼくの第2作目は、こんな感じだった。

② 这件衣服看上去和你好搭啊。
　このドレスはあなたにとても似合っていますよ。

　＊友達が好きそうな服を試着するときに、この言い回しは最高ですね。お世辞だとしても喜んでくれるはずです。

③ 多年不见，你看上去还是那么年轻。
　何年経っても若々しく見えますね。

> 就这样，在六岁那年我放弃了成为画家的梦想。（p.16，下から6行目）
> こういうわけで、ぼくは6歳にして絵描きになる夢を断念した。

【解説】"梦想（夢）"を"追逐（追い求める）"こともあれば、"放弃（あきらめる）"こともあります。自分で選べるものなら、"儿时的梦想（子供の頃の夢）"をあきらめたくないですね。

【例文】

① 他为了追逐自己的梦想，花光了所有的积蓄。
　彼は自分の夢を追い求め、貯金をすべて使い果たした。

　＊夢を追い求めるのはいいことですが、"积蓄（貯金）"を"花光（使い果たす）"まで頑張る必要（勇気？）は果たしてあるのでしょうか。

② 她为了和心爱的人在一起，放弃了出国留学的梦想。

彼女は愛する人と一緒にいるために、留学の夢をあきらめた。

＊"心爱的人（愛する人）"を選ぶか、それとも"梦想（夢）"を選ぶかは自分次第とは言え、常に悩ましい問題ですね。

地理帮了我很大的忙。（p.16，下から2行目）
地理はとても役に立った。

【解説】"主語＋帮了＋目的語＋很大的忙"という文型を使うことで、過去に役立ったものや助けてもらった人への感謝を表すことができます。目的語は常に人や組織を表す名詞が担いますが、主語は「日本人の友人（例文①）」のようなヒト名詞だけでなく、「地理」や「スマホの地図アプリ（例文②）」のようなモノ名詞が担う場合もあります。

【例文】

① 我之前在日本留学的时候，一个日本朋友帮了我很大的忙。
以前、日本に留学していた頃、日本人の友人にずいぶん助けてもらいました。

② 如果你打算出国旅游，手机上的地图软件可以给你很大的帮助。
海外旅行に行くなら、スマホの地図アプリが大いに役立つと思います。

每当我遇到看起来明白事理的大人时，我总是会做一个小小的测试。
（p.18，3行目）
もののわかりそうなおとなに会うと、必ずちょっとしたテストをやった。

【解説】人の習慣や繰り返し起こることを表す場合、"每当……总（都）……"という構文はとても便利です。"每"は「…ごとに」、"当"は「…のとき」という意味なので、二文字が合わさると「…するたびに」という新しい意味が出てきます。"总（都）"は単独では「いつも」を意味しますが、"每当"とセットで使う場合は、意味的に重複しているものの、省略することはできません。

【例文】

① 每当我想起远在中国的父母，我总会怀疑自己是否作出了正确的选择。
中国にいる両親のことを考えると、自分の選択は正しかったのだろうかと、いつも考えてしまいます。

② 每当我看到孩子们纯真的笑脸，我都会重新感受到生命的力量。
　　子どもたちの無邪気な笑顔を見るたびに、あらためて生きる力を感じています。

"麻烦你了……给我画一只羊吧！"(p.20, 6行目)
「お願いだよ……ヒツジを描いて！」

【解説】人に何かを頼むとき、"麻烦你了"は使いやすい表現です。もっと丁寧にお願いしたい場合は、"麻烦你了"の前に"不好意思（すみません）"を言っておくと良いでしょう。

【例文】
① 能不能麻烦你把空调的温度调高一点儿？我感觉有些冷。
　　エアコンの温度を少し上げてもらえますか。ちょっと寒い気がします。

　　＊星の王子さまのように"麻烦你了"を単独で使うことはもちろん可能ですが、"能不能麻烦你（お願いできませんか）"のように質問文に変えると丁寧度がさらに増します。

② 麻烦你把用完的电池放进这个回收用的盒子里。
　　使用済みの電池は、このリサイクルボックスに入れてもらえると助かります。

蟒蛇十分危险，大象又太大了。(p.22, 下から7-6行目)
ボアはとても危険なやつだし、象は大きすぎる。

【解説】「…すぎる」「あまりにも…」という意味を表す中国語表現には、"太……"があります。"太大（大きすぎる）""太长（長すぎる）"のように"太＋形容詞"の組み合わせが最もよく使われますが、"太＋能吃了（例文②）"のように動詞と一緒に使うこともできます。

【例文】
① "这只羊年纪太大了。我想要一只能活得很久的羊。"（p.24, 7行目）
　　「このヒツジは年を取りすぎてるよ。長いこと生きるヒツジがほしいんだ」

② 他真是太能吃了。明明刚吃了两碗饭却还要点别的。
　　彼はとてもよく食べるんです。ご飯を2杯食べたばかりなのに、もっと注文したいと言っている。

③ 你真是太会说了。要是没有你这个客户肯定没戏。
　　話し方がうますぎたわ。君がいなかったらこのクライアントは絶対無理だった（ここで

言う「無理だった」というのは獲得できなかったという意味です）。

＊"没戏"というのは「見込みがない」「当てがない」という意味ですが、今風の「脈あり」という意味もあります。

"这只羊吃得不怎么多。我给你的是一只很小的羊。"（p.24，下から4行目）

「このヒツジはあんまりたくさん食べないよ。とても小さなヒツジをあげたんだから」

【解説】「あまり…ない」という意味を表す場合、"不怎么……"は便利な表現です。先ほど見た"太……"とは正反対の意味を表しますが、使い方はとても似ています。つまり、"今天不怎么冷（今日はあまり寒くない）"のように形容詞と一緒に使うこともできれば、例文のように動詞と一緒に使うことも可能なのです。

【例文】

① 今天天气似乎很热，我不怎么想出门。

今日は暑いみたいで、あまり外に出たくない。

② 我平时不怎么用这台电脑，你可以先拿去用。

このパソコンは普段あまり使わないから、しばらく使っていいよ。

"你送给我用来装小羊的盒子让我很开心。因为到了晚上，我可以把它当作羊圈来用。"（p.28，下から6-5行目）

「ヒツジ用の箱をくれて嬉しいよ。夜になれば、ヒツジ小屋に使えるもの」

【解説】"把 + 名詞1 + 当（作）+ 名詞2"という文型は、「…を…として（使う、見なす）」という意味を表すときに使われます。「名詞1」には喩えるものを、「名詞2」には喩えられるものをそれぞれに入れます。例えば、例文①では、"休眠火山"が喩えるものなので「名詞1」に入り、"椅子"が喩えられるものなので「名詞2」に入ります。

【例文】

① 他曾经把那座休眠火山拿来当椅子用。（p.138，2-3行目）

休火山を椅子代わりに使ったものだった。

② 我把他当作自己人看待，他却把我视为外人。

私は彼を仲間として扱ったが、彼は私を部外者として見ていた。

＊中国文化にも「ウチ」と「ソト」の区別がありますが、日本文化のそれとは捉え方がだいぶ
　違うので要注意です。

就是小王子的星球比一座房子稍微大一点！（p.30，下から6-5行目）
王子さまの惑星は、家一軒よりちょっと大きいくらいなのだ！

【解説】物事のサイズや頻度を小さいスケールで比較する場合、"……比……一点"は定
番の表現です。使い方としては、"比"の前後に比較する2つの対象を並べて、"一点"
の直前に形容詞または動詞を入れるのが普通です。また、例文②のように比較される
片方の対象を省略することも可能です。

【例文】

① 新出的苹果手机只比上一代好用那么一点。
　　新しいAppleのスマホは、従来のものよりわずかに優れているに過ぎない。

　　＊この例文では、「"新的苹果手机（新しいAppleのスマホ）"＋比＋"上一代（従来のもの）"＋
　　　"好用（使いやすい）"＋"一点（わずか）"」という文構造が読み取れます。

② 等雨下得稍微小一点了，我们再出去买东西吧。
　　雨がもう少し弱くなってから、買い物に出かけようね。

于是他们便会说"多么漂亮的房子啊！"（p.34，10行目）
そうしたら「なんて素敵な家だろう！」って言うよ。

【解説】"多么＋形容詞／動詞＋啊！"の形で感嘆文に用いて、程度の甚だしさを表すこ
とができます。「なんて…だろう！」という日本語文と同じように、もっぱらポジティ
ブな評価を与えるときに使われます。

【例文】

① 她听见有人吹笛子，于是对我说："你听，多么美妙的音乐啊！"
　　彼女は誰かがフルートを吹いているのを聞いて、私に言った。「聞いて、なんて美しい音
　　楽だろう！」

② "多么健壮的小伙子啊！"叔叔抚摸着我的头说道。
　　「なんてたくましい若者なんだ！」 叔父は私の頭を撫でながら言った。

第二部

---✳---

第五章－第八章

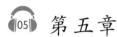 # 第五章

　　每天我都了解到一些有关小王子星球的事，以及他为什么要离开那里，在那之后他又去到哪儿旅行。这些都是我在和他的交谈中逐渐偶然了解到的。第三天聊到的关于猴面包树的事我也是这样听说的。

　　这件事的起因也是那只羊。小王子突然用一种很不安的语气问我说：

　　"羊吃草这件事是真的吧？"

　　"对啊，当然是真的啦。"

　　"是真的啊！那就好。"

　　羊吃草这件事为什么那么重要，我不得而知。但是，小王子又接着问我。

　　"那么，羊也吃猴面包树咯？"

　　我告诉小王子说，猴面包树可不是草，它们长得像教会房子那么大。即使有很多大象，也不可能吃掉哪怕是一棵猴面包树。

■ 离开 離れる　■ 猴面包树 バオバブ《アオイ目パンヤ科の巨木》　■ 起因 きっかけ　■ 真的 本当

第 5 章

　毎日ぼくは、王子さまの惑星のことや、どうして王子さまがそこを離れた
か、それからの旅について、何かしら学んだ。話をしているうちに、ゆっく
りと、偶然、わかるんだ。3日目にバオバブの木について聞いたときもそう
だった。

　これも、きっかけはヒツジだった。不安そうな感じで、王子さまが突然、
聞いてきたのだ。

　「ヒツジが草を食べるって本当だよね？」

　「そう、本当だよ」

　「そうか！ よかった」

　ヒツジが草を食べるのがどうしてそんなに大事なのか、ぼくにはわからな
かった。でも、王子さまはこうたずねたのだ。

　「じゃあ、ヒツジはバオバブも食べる？」

　そこでぼくは、バオバブは草では
なくて、教会みたいに大きい木なの
だと教えてやった。象がたくさんい
ても、バオバブの木を1本食べるこ
ともできやしないと。

小王子想到有很多大象的样子，他笑着说：

"那把这些大象一只一只堆叠起来就好了嘛……"

他又接着说：

"猴面包树也不是从刚开始就那么大的。刚开始它们都很小。"

"你说的也没错。但是你为什么想让羊吃小猴面包树呢？"

小王子郑重其事地说道："嗯，我来给你解释！"为了理解清楚他接下来的说明，我不得不全神贯注地听他讲。

与其他任何一个星球一样，小王子的星球上也生长着好的植物和坏的植物。也就是说，存在从好的植物上摘下来的好种子和从坏的植物上摘下来的坏种子。但是种子这种东西，因为太小所以很难分辨。它们一直沉睡在泥土里，直到它们决定为了生长而苏醒过来。当那一刻来到时，它们就会破土而出长出小嫩芽。小嫩芽慢慢长大，如果它长成一株好的植物，那么可以不用去管它。但是如果它长成了一株坏的植物，那就必须尽早把它拔出来。在小王子的星球上，有一种十分恶性的种子……那就是猴面包树的种子。这种种子深埋于星球各个角落的土壤里。如果因为疏忽没有在还是嫩芽的时候拔除它们，它们就会疯狂生长以至于遍布整个星球。星球可能会被它们占领。如果在一个小星球上一下子长出太多的猴面包树，那个星球就会被毁灭。

"关键就是要每天不厌其烦地清理它们，"小王子之后告诉我说："每天早晨我都会打理这个星球。一旦我能把它们和玫瑰苗区分开，我就会把这些猴面包树苗拔掉。在刚冒芽的时候，猴面包树看起来和玫瑰一模一样。这项工作并不有趣，但很容易。"

■ 堆叠 積む　■ 苏醒 目をさます　■ 疏忽 うっかりする　■ 拔除 抜く　■ 占领 乗っ取る
■ 毁灭 壊す

たくさんの象を思い描いて、王子さまは笑った。

「象をどんどん上に積んでいけばいいんだね……」

そして言った。

「バオバブは最初から大きいわけじゃないんだよ。はじめはとても小さいんだ」

「それはそうだ。でもきみはどうして、ヒツジに小さいバオバブを食べさせたいんだい？」

王子さまは言った。「うん、説明しよう！」重大事を明かすような言い方だった。次にくる説明をちゃんと理解するのに、ぼくは注意して聞かなければならなかった。

惑星ではどこも同じだが、小さな王子さまの惑星にも、いい植物とわるい植物が生えていた。つまり、いい植物から取れるいい種と、わるい植物から取れるわるい種とがあったのだ。でも種というものは、とても小さくて見にくい。目をさまして成長しようと決めるまでは土の中で眠っていて、その時が来ると、土を突き抜けて小さな芽を出すんだ。その芽が大きくなって、いい植物になれば、そっとしておいていい。でもわるい植物になったら、できるだけ早くひっこ抜かなければならないのだ。王子さまの惑星には、ものすごく性質のわるい種があった……バオバブの種だ。この種は、星中の土の中に埋まっていた。うっかりして芽のうちに抜いてしまわないと、どんどん育って惑星中に広がってしまうのだ。星は乗っ取られてしまうだろう。うんと小さい惑星にバオバブがたくさん育ったら、その星は壊されてしまう。

「要は、毎日、きちょうめんに片づけることだよ」小さな王子さまはあとでぼくに言った。「毎朝、ぼくは星の世話をする。バラの苗と区別がつくが早いか、バオバブの苗は抜くんだ。出始めのころは、バオバブってバラにそっくりなんだよ。作業はおもしろくもないけど、簡単なんだ」

之后有一天，小王子要求我为我的星球上的孩子们画一幅画。"如果孩子们在未来的某一天去旅行的话，"小王子说道："这有可能会派上用场。有的工作先放一放，之后再做也不迟。但是对象如果是猴面包树的话，先放一放就会出大麻烦。在我知道的一个星球上，住着一个懒惰的男人，他放过了三棵幼苗。结果就……"

于是我就按照小王子的说明，画了这幅画。通常我很讨厌对别人指手画脚。但是对于猴面包树的危险大家还知之甚少。所以，这次我决定破例一次。就像这样说："孩子们！要小心猴面包树！"我花了很大功夫才画好这幅画。我的朋友看到这幅画，能意识到猴面包树的危险就足够了。一想到我要说的这个教训，我就觉得为画这幅画付出的努力都是值得的。你可能会问我。这本书里其他的画为什么没有像猴面包树画得这么好。答案很简单。我尽力了，但是没有成功罢了。我在画猴面包树的时候，被它包藏的危险激发出了力量。

■ 清理 片づける ■ 懒惰 なまけもの ■ 幼苗 若芽 ■ 指手画脚 指図をする ■ 破例 ルールに例外を作る ■ 小心 気をつける ■ 激发 触発する

　そしてある日、王子さまは、ぼくの惑星の子どもたちのために絵を描いてほしがった。「いつか子どもたちが旅行することがあったら」、王子さまは言った。「これが役に立つかもしれない。待ってみて、あとからやっても遅くない作業もある。でもバオバブが相手のときは、待っていたら大変なことになるんだ。ぼくの知っているある星は、なまけものの男が住んでいて、3本の若芽をほうっておいたんだ。そうしたら……」

　それでぼくは、王子さまの説明どおり、この絵を描いた。普通なら、ぼくは人に指図をするのはきらいだ。でもバオバブの危険というものはあまり広く知られていない。だから、今回だけは自分のルールに例外をつくることにした。こう言おう。「子どもたち！　バオバブに気をつけろ！」ぼくは、この絵をものすごく一生懸命描いた。ぼくの友達がこれを見て、バオバブの危険をわかってくれるといいのだが。ぼくの言いたかったこの教訓は、がんばって絵を描くだけの価値があったと思うよ。きみはたずねるかもしれない。この本のほかの絵は、どうしてバオバブの絵みたいに上手じゃないの？答えは簡単だ。ぼくはベストを尽くしたけど、うまくいかなかった。バオバブを描いたときは、バオバブのはらむ危険に触発されたのだ。

第六章

唉，小王子啊。我终于开始明白你小小人生中的悲哀了。你除了欣赏美丽的落日之外，就没有享受过快乐的时光。这些是我在第四天早晨得知的，当时你说：

"我最喜欢看日落了。我们去看吧……"

"但是我们得等……"

"等，等什么？"

"等太阳下山啊。"

你刚开始看上去十分吃惊，之后你自嘲地说道："我在一瞬间还以为待在自己的星球上呢！"

大家都知道，当美国还是正午的时候，在法国正夕阳西下。如果你想看日落，就得在一分钟左右赶去法国。不幸的是法国太遥远了。但是在你小小的星球上，只要把椅子移动几公尺就够了吧。像这样你想看几次日落就看几次日落。

■快乐 楽しみ　■日落 日の入り　■等 待つ　■左右 くらい、ほど　■公尺 フィート

第 6 章

　ああ、小さな王子さま。ぼくはようやく、きみの小さな人生の悲しみがわかりかけてきた。きみは、入り日の美しさを眺める以外には、楽しみの時間など持たずに来たのだ。これを知ったのは4日目の朝、きみがこう言ったときだった。

「ぼく、日の入りを見るのが大好きだよ。見に行こうよ……」

「でも待たなくちゃ……」

「待つって、何を？」

「太陽が沈むのをだよ」

　きみは最初、とてもびっくりしたようで、それから自分自身を笑って言った。「一瞬、自分の星にいるんだと思っていたよ！」

　みんな知ってると思うけど、アメリカで正午のとき、太陽はフランスで沈んでいく。日の入りを見たければ、1分くらいでフランスに行かなくちゃいけないわけだ。不幸なことに、フランスはあまりに遠い。でもきみの小さな惑星なら、椅子を何フィートか動かすだけでいいんだね。そうしたら日の入りを、何度でも見たいだけ見られるんだ。

"我有一天看了四十四回呢！"

他接着说：

"你知道吗……当你感到悲伤时看看日落就会好受很多……"

我问他说："你看了四十四回日落的那天，是不是感到非常悲伤？"

小王子没有回答。

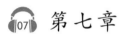 第七章

　　到了第五天，我了解到了一个小王子的秘密。他突然问了我一个问题。而在问出那个问题之前他似乎思考了很久。

"如果说羊吃草的话，它们也吃花吗？"

"羊遇到什么就吃什么。"

"就连带刺的花也吃吗？"

"对啊。带刺的花也吃。"

"那么，长刺是用来干什么的呢？"

■问～问题 ～に質問する　■似乎～ ～のようだ　■刺 トゲ

「44回見たこともあるよ！」

また、こうも言った。

「ねえ、知ってる……悲しいときには夕日を見ると気分が休まるんだ……」

ぼくはたずねた。「日の入りを44回も見た日は、とても悲しかったんだね？」

王子さまは答えなかった。

第 7 章

5日目になって、ぼくは王子さまの秘密を知った。王子さまは突然、質問をしてきたが、長いこと考えてから聞いたようだった。

「もしヒツジが草を食べるのなら、花も食べる？」

「ヒツジは、手当り次第、何でも食べるよ」

「トゲのある花でも？」

「そうだ。トゲのある花でも」

「じゃ、トゲなんて、何のためにあるのさ？」

那我就不知道了。我太忙了。忙着修理飞机。我心急如焚。飞机要修好很困难，而饮用水也快喝光了。

"那么刺有什么用呢？"小王子完全没有要停止提问的意思。我那时非常担心，心情又糟透了，于是我脱口而出最先想到的那句话：

"刺啊，什么用都没有。那是花为了搞怪才长的！"

"诶！"
然而过了一会，小王子生气地说道：
"我才不要相信你说的话呢！花都很脆弱。她们纯粹且美丽。她们只是在尽可能地保护自己而已。她们相信刺能够保护自己……"

我没有回答他。也没有在听他说话。我一直在考虑飞机的事。小王子又说道：
"这么说，你，你认为的花是……"
"不对，不对！我什么都没有想！我只是随口说说罢了。我在忙很重要的事情！"
小王子一脸茫然地看着我，说道：
"重要的事情！"
他接着说："你说话的腔调跟大人们一样！"

他的话让我很难堪。但是小王子又接着说：
"你什么都不懂！"

■ 心情 機嫌、気持ち　■搞怪 意地悪　■生气 怒る　■ 保护 守る　■茫然 ぼう然　■腔调 （ネガティブな）話し方

　そんなことはぼくは知らない。それより忙しかった。飛行機を直そうとしていたのだ。心配でたまらなかった。修理は難しく、飲み水は底を尽きかけていた。

　「だったらトゲは、なんのためにあるのさ？」小さな王子さまは、質問をぜったいにやめないのだ。ぼくは心配で、機嫌がわるかったので、頭にうかんだ最初のことを言った。

　「トゲなんて、なんの役にも立ちやしないよ。花は、意地悪だからトゲをつけてるんだ！」

　「えっ！」

　でもしばらくして、王子さまは怒ったように言った。

　「きみの言うことなんか、信じないよ！　花は弱いんだ。純粋で、美しいんだ。できるだけのことをして自分を守ろうとしているだけなんだよ。トゲが守ってくれると信じているんだ……」

　ぼくは答えなかった。聞いてもいなかった。ずっと飛行機のことを考えていたのだ。王子さまがまた言った。

　「それじゃ、きみは、きみが考える花は……」

　「違う、違う！　ぼくは何にも考えちゃいない！　思いついたことを言っただけなんだ。大事なことで忙しいんだ！」

　王子さまはぼう然としてぼくを見つめ、声をあげた。

　「大事なこと！」

　そして言った。「きみはおとなみたいな話し方をするんだね！」

　ぼくは決まりがわるくなった。でも王子さまは続ける。「きみは何もわかっちゃいないよ！」

小王子真的生气了。他摇动着金色的头发说道：

"我知道有一个星球，上面住着一个满脸通红的大叔。那个大叔既没有闻过花香，又没有仰望过星星。更没有爱过任何人。除了做加法之外，他什么也不做。此外就和你一样一天到晚不停地说'我是重要人物！我是重要人物！'他的脑子里全是这些。他简直不像个人……他就是个蘑菇！"

"他是什么？"

"是个蘑菇！"

小王子气得脸苍白。

"几百万年以来，花上都长着刺。然而，几百万年以来羊依旧在吃花。要弄清楚花上为什么一直长这些没用的刺，这件事你能说不重要吗？你能说羊和花之间的战争不值一提吗？和只会做加法的红脸胖大叔相比，你能说这不重要吗？而且我，我还认识一朵只在我的星球上开放的花……如果那只对自己的所作所为一无所知的小羊羔把这朵花糟蹋了，又或者是在某个早晨把她给吃了——你能说这样也无所谓？"

他说着说着，脸变得通红。

"如果有个人爱着一朵花，而这朵花只生长在几百万个星球中的一个上的话，他仅仅是仰望夜空也会感到幸福。他看着众多的星星，心中默念道'我的花就在它们之中……'但是如果羊吃掉了那朵花，那就像星星突然全部消失了一样。即使这样……你也能说不重要吗！"

■ 大叔 おじさん　■ 闻 嗅ぐ　■ 仰望 見上げる　■ 蘑菇 キノコ　■ 加法 足し算　■ 糟蹋 壊す、踏躙する　■ 无所谓 大事じゃない、どうでもいい

　王子さまは、本気で怒っていた。金色の髪をゆらしながら、

「ぼくは、真っ赤な顔のおじさんが住んでいる星を知ってるよ。おじさんは花の香りをかいだこともなければ、星を見上げたこともない。だれかを愛したこともない。足し算以外、何もしない。そしてきみみたいに『おれは重要人物だ！ おれは重要人物だ！』って一日中、言ってるんだよ。自分の重要さで頭が一杯なんだ。でもそんなのは人間じゃない……キノコだ！」

「なんだって？」

「キノコさ！」

　王子さまは、怒りで蒼白になっていた。

「何百万年もの間、花はトゲを生やしてきた。なのに、何百万年もの間、ヒツジは花を食べてきた。花がどうして、守ってもくれないトゲを生やし続けるのか、わかろうとすることが大事じゃないなんて、どうしてきみに言えるの？ ヒツジと花の戦争なんか問題じゃないって、どうして言えるの？ 足し算をしてる赤い顔の太ったおじさんより、大事じゃないって言えるの？ それにぼくは、ぼくは、たった一つしかない、ぼくの星にしか咲かない花を知ってるんだよ……そしてもし小さなヒツジがその花を壊してしまったら、自分のしていることの重大さも知らずにある朝、食べてしまったら——それがなんでもないって言うの？」

　続けるうちに、王子さまの顔は薄桃色に染まってきた。

「もしだれかが、何百万もの星の中で、たった一つの星に住む花を愛したら、夜空を見上げるだけで幸せになるよ。星たちを見て、心の中で言うんだ。『ぼくの花は、このどこかにいる……』でももしヒツジがその花を食べてしまったら、突然、星がぜんぶ消えるのと同じじゃないか。それが……それが大事じゃないって言うんだ！」

小王子

小王子无法再说下去。他一直哭，只是一直哭。夜幕降临了。我放下了手上所有的活。无论是飞机、饥饿感、还是死亡的恐惧，在此刻都失去了意义。在某个星球，某个行星上——不对，就在这个星球，我的星球，在地球上——有一个不开心的小王子！我一把抱住了他。我紧紧抱住他说："你爱的那朵花并没有遭遇危险……我给你画点什么来保护她……我……"我真不知道该说些什么。我感到十分无助。我不知道要怎样做才能触达小王子的内心……泪水的国度是多么的遥远啊。

 第八章

没过多久，我就对这朵花有了进一步的了解。在小王子的星球上，只生长着一种简单的花。这种花只有一层花瓣，刚在早上盛开过，就会在晚上凋谢。但是这种特别的花的种子一定是来自什么别的地方。这种奇特的花慢慢地长大，小王子也细心地呵护着她。这种花似乎和其他的植物都不同。

■ 紧紧抱住 抱きしめる　■ 无助 无力　■ 泪水 泪

　小さな王子さまは、それ以上何も言えなかった。泣いて、泣いて、泣きとおした。夜になっていた。ぼくはやっていたことをぜんぶやめた。飛行機も、空腹も、死ぬかもしれないことさえ、どうでもよかった。ある星の、惑星の上に──いや、この惑星、ぼくの惑星、この地球に──不幸せな、小さな王子さまがいるのだ！　ぼくは王子さまを抱きよせた。抱きしめて、言った。「きみの愛している花は危ない目になんか遭ってないよ……きみの花を守れるように、何か描いてあげる……ぼく……」なんと言っていいか見当もつかなかった。自分の無力さをいたいほど感じた。どうやったら王子さまの心にとどくのか、わからなかった……。涙の国は、あまりにも遠かった。

第 8 章

　まもなくぼくは、この花についてもっと知ることになった。小さな王子さまの惑星では、いつも単純な花しか生えたことがなかった。花びらは一重で、ある朝、咲いたかと思うと、夕方にはしぼんでいた。でもこの特別な花は、種の時、どこか他の場所から来たに違いない。王子さまは、この変り種が成長するにつれ、注意深く見守った。ほかのどの植物とも違うらしい。

小王子

　　看上去像是变种的猴面包树。有一天，她上面长出了一个花骨朵。小王子以为她会绽放出奇异的花朵。然而这朵花看上去完全没有要开放的样子。她还没有准备好。她精心挑选着符合自己外表的颜色，不紧不慢地整理着妆容。她一心想要把最美的那一面展现出来。她就是那么的自恋。她花了好多天准备。就在一天清晨，正当太阳升起的时候，她绽放了。

　　那朵花花了很长的时间精心打扮，却说道：

　　"哎呀！人家还没有睡醒呢……让你见笑了呀……我还没有做好让你欣赏的准备呢……"

　　小王子情不自禁地叫了出来：

　　"真是太美了！"

　　"你也这么觉得？"花温柔地答道：

"我是在朝阳升起的一瞬间诞生的……"

　　这时小王子也明白了这朵花是多么的自恋。但是，她竟然如此美丽而娇柔！

　　"到我该吃早餐的时候了。"

　　花对小王子说：

　　"如果可以的话……"

　　小王子有些难为情地接了一壶冷水，把它作为早餐喂给了花。

■ 花骨朵 つぼみ　■ 展现 披露する、見せる　■ 自恋 うぬぼれ　■ 娇柔 繊細　■ 早餐 朝ごはん

　新種のバオバブかもしれなかった。ある日、つぼみをつけた。小さな王子さまは、とびきりの花が咲くのだろうと思った。でも花の方では、一向に開く気配がなかった。お支度がすんでいないのだ。花は、身にまとう色彩を注意深く選び、ゆっくりと衣装をととのえた。最高に美しいところを披露しなければ。そう、とてもうぬぼれが強かったのだ！　準備は、何日も何日もかかった。そしてついにある朝、ちょうど太陽が昇るころ、花は開いた。

　あれだけ念入りに準備したのに、花はこう言った。

　「あら！　まだちゃんと目が覚めていませんのよ……失礼いたしますわ……ご覧いただくような状態じゃ、ございませんことよ……」

　小さな王子さまは、思わず叫んだ。

　「なんて美しいんだろう！」

　「そうでしょう？」花はやさしく答えた。「わたくし、朝日が昇る瞬間に生まれましたのよ……」

　うぬぼれの強い花だということは、王子さまにもわかった。でも、こんなに美しくて繊細なのだ！

　「わたくしの朝ごはんの時間だと思いますわ」
花は王子さまに言った。
「もしよろしければ……」

　きまりわるくなって王子さまは、
じょうろに冷たい水を一杯入れ、
花に朝ごはんをあげた。

小王子

那朵花没多久就开始娇揉造作，刁难起小王子来。例如有一天，他们正在聊玫瑰身上长的四根刺。花说道：

"老虎什么的都放马过来。利爪什么的，我一点都不怕！"

"我的星球上哪来的老虎啊。"小王子说道："不管怎么说老虎也不吃花花草草啊。"

"我可不是花花草草。"花娇滴滴地说道。

"抱歉……"

"我可不怕什么老虎。但是，冷空气可对我的身体可没有好处。你有可以挡风的东西吗？"

"冷空气对身体不好……这种植物还真是少见。"小王子想："这花还真难伺候啊……"

"每天晚上，都请你用玻璃罩把我罩上来保暖。你的星球上太冷了。我原来生活过的地方可不像这么冷……"

那朵花不再说话了。她还是种子的时候就来到了小王子的星球。她不可能了解其他的星球。眼看自己愚蠢的谎言被识破，花生气地咳嗽了两三下。

"你有玻璃罩么？"

"我刚才正要去找呢，你就过来和我说话了！"

那朵花还是想让小王子觉得自己对不起她，于是又咳嗽了起来。

⭐
■ 刁难 困らせる　■ 利爪 カギ爪
■ 娇滴滴 甘ったるい　■ 少见 めず
らしい　■ 玻璃罩 ガラスのケース
■ 愚蠢的谎言 ばかな嘘　■ 咳嗽 咳
をする

　花はすぐ、見栄をはっては王子さまを困らせ始めた。たとえばある日、バラの４つのトゲの話をしていたときだった。こう言った。

　「トラでもなんでも来るがいいわ。カギ爪なんて、怖くない！」

　「ぼくの星にトラはいないよ」王子さまは指摘した。「どっちにしても草を食べないし」

　「わたくしは草ではありませんわ」花は甘ったるく言った。

　「ごめん……」

　「トラなんか怖くないことよ。でも、冷たい空気はわたくしの体によくありませんわ。風除けをお持ち？」

　「冷たい空気が体にわるいなんて……植物なのにめずらしい」小さな王子さまは思いました。「この花はだいぶ気難しいんだな……」

　「毎晩、ガラスのケースをかぶせて暖かくしてくださいな。あなたの星はとても寒いんですもの。私が生まれ育ったところでは……」

　花は口をつぐんだ。王子さまの星には種のときに来たのだ。他の星のことなんか、知っているはずがない。ばかな嘘が見え見えになって花は怒り、2、3回咳をした。

　「風除けはお持ちかしら？」

　「今、探しに行こうとしたんだけど、きみが話しかけてきたから！」

　花は、王子さまにやっぱりすまなかったと思わせようとして、また咳をした。

　　就这样，小王子开始怀疑他所爱着的这朵花。他一直以来对花所说的话深信不疑，但如今却让他郁闷。

　　"我本就不该听信花说的那些话。"某天小王子对我说道："花无论说了什么，都不能相信。花用来欣赏欣赏，闻闻香味就足够了。这朵花让我的整个星球变得美丽了，而我却没心情享受。我本应该对她好一点的……"

　　小王子继续说道：

　　"我那时真的不懂这朵花！我应该根据她的行为，而不是根据她说的话来判断她。她让我的世界变得美好。我就不应该从她的身边离去！我早该注意到她隐藏在那些愚蠢花招背后的温柔。花真的是很难对付！我还是太孩子气，不懂得如何爱惜一朵花。"

■ 怀疑 疑う　■ 郁闷 不幸せ、うっとうしい　■ 享受 楽しめる　■ 花招 駆け引き、手練手管
■ 难对付 てこずる

　こうして、王子さまは、愛する花を疑うようになった。花が言うことをずっと信じてきたけれど、今は不幸せだった。

　「花の言うことなんか、聞いちゃいけなかったんだ」ある日、王子さまはぼくに言った。「花が何か言っても、信じるものじゃない。花というのは、ながめて、香りをかぐだけにするのが一番いいんだ。花のおかげでぼくの星全体が美しくなったのに、ぼくはそれを楽しめなかった。もっとやさしくするべきだったんだ……」

　王子さまは続けて言った。

　「ぼくは、この花のことが本当はわかっていなかったんだ！　花の言うことじゃなく、することで判断すべきだったんだ。花は、ぼくの世界を美しくしてくれた。ぼくは花のそばを離れるべきじゃなかったんだ！　ばからしい駆け引きの奥にあるやさしさに気付くべきだったんだ。花というのは、どれも本当にてこずるものだ！　ぼくはあまりに子どもで、どうやって花を愛したらいいか、わからなかったんだ」

覚えておきたい中国語表現

> 即使有很多大象，也不可能吃掉哪怕是一棵猴面包树。（p.44，最終行）
> 象がたくさんいても、バオバブの木を1本食べることもできやしないと。

【解説】「…だとしても、…ない」という譲歩の意味を表したい場合、"即使……也（不）……"は使いやすい表現です。この表現を使ってあることを達成するのがほぼ不可能だという意味を表す場合（例文①）もあれば、他人から見ればあり得ないことを自ら行う決心を表す場合もあります。

【例文】

① 即使今年你考得再好，也不可能上清华。
    今年の試験がうまくいっても、清華大学には受からないよ。

② 就算全世界都要来与你为敌，我也不离不弃，要和你在一起。
    たとえ世界中があなたに敵対しても、私はあなたと一緒にいるために決して離れない。

    ＊この例文はとある有名な武侠小説を映画化したものの主題歌の歌詞からとったものです。主人公の女性が周りの反対を押し切って好きな男性と一緒にいようとするシーンを描写しているところです。

> 为了理解清楚他接下来的说明，我不得不全神贯注地听他讲。
> （p.46，6-7行目）
> 次にくる説明をちゃんと理解するのに、ぼくは注意して聞かなければならなかった。

【解説】"不得不……"は「…しなければならない」という二重否定の意味を表す表現です。何かの目的を実現するのにしなければならないことがある場合にはもちろんですが、何らかの状況を鑑みて何かを言わざるを得ない場合（例文②）にもこの表現を使うことは可能です。

【例文】

① 为了让领导高兴，我不得不说了违心的话。
    上司を喜ばせるために、自分の意に反することを言わざるをえなかった。

② 看到这几年互联网发生的变化，不得不说我们这一代人已经落伍了。

ここ数年のインターネット上の変化を見ていると、私の世代はもう遅れていると言わざるをえない。

一旦我能把它们和玫瑰苗区分开，我就会把这些猴面包树苗拔掉。
（p.46，下から3-2行目）
バラの苗と区別がつくが早いか、バオバブの苗は抜くんだ。

【解説】「…をするや否や…」という意味を表す文型には、"一旦……就（将）……"があります。バラとバオバブの苗を見分けられたら、すぐにバオバブの苗を抜くというように、ある状況に応じて特定の行動をとるという使い方が普通ですが、例文①と②のように、文の後半では特定の行動ではなく、新たな状況（の変化）を推測するという用法もあります。

【例文】

① 一旦让敌人得到了我军的机密情报，后果将不堪设想。
敵が我が軍の機密情報を手に入れたら、その結末は想像を絶するものになるだろう。

② 一旦让他坐上了领导的位子，单位里就再也不会有安静的日子了。
一度、彼が指導者の座につくことを許せば、組織内で静かな日が続くことはもうないだろう。

"我在一瞬间还以为待在自己的星球上呢！"（p.50，下から5行目）
「一瞬、自分の星にいるんだと思っていたよ！」

【解説】"以为"には2種類の使い方があります。1つは「…と思ったが、本当は違った」という認識の間違いを示す用法（例文はすべてこの用法）で、もう1つは"要想学好一门外语，我以为练习才是最重要的（外国語を上手に学ぶには、練習が一番大切だと思います）"のように、単に自分の考えを発表するときに使うかしこまった言い方です。

【例文】

① 小时候我一直以为我是爸爸妈妈从垃圾堆里捡回来的。
子供の頃、私はいつもパパとママにゴミ箱から拾われたと思っていた。

② 昨夜我从睡梦中惊醒，还以为是发生地震了呢。
昨夜は地震があったのではと思って、眠りから覚めた。

她们只是在尽可能地保护自己而已。（p.54, 8-9行目）
できるだけのことをして自分を守ろうとしているだけなんだよ。

【解説】「ただ…をしているだけだ」という意味を強調する場合、“只是……”という便利な表現があります。単独で使う場合もあれば、“只是……而已”または“只是……罢了（例文②）”のように決まった組み合わせで使う場合もあります。

【例文】

① 我只是在开玩笑而已，你那么认真干什么？

冗談だよ、なんでそんなにまじめなんだよ。

＊“认真”は、普通“认真学习”“认真工作”のように、ほかの動詞と一緒に使うことが多いですが、例文のように単独で「まじめ／本気なさま」を指すこともできます。

② 你不是记性不好，只是没找对方法罢了。

あなたは記憶力が悪いんじゃなくて、正しい方法を見つけられていないだけなんです。

那个大叔既没有闻过花香，又没有仰望过星星。（p.56, 2-3行目）
おじさんは花の香りをかいだこともなければ、星を見上げたこともない。

【解説】“既……又……”は、「…であり、…でもある」という意味を表す大変便利な表現です。肯定的な意味にも否定的な意味にも使えます。また、例文のように動詞を使って特定の事柄を表すこともできれば、“她既漂亮，又善良（彼女は美しくもあり、優しくもある）”のように評価を表す形容詞に接続することも可能です。

【例文】

① 我既没有出众的外表，又没有过人的才华。

私は、容姿が優れているわけでもなく、才能があるわけでもない。

② 我经常去的那家餐馆不但价格便宜，而且饭菜可口。

いつも行くお店は、安いだけでなく料理も美味しい。

＊“既……又……”と同じ意味を表す表現として、“不但（不仅）……而且（还）……”も挙げられます。

> "老虎什么的都放马过来。利爪什么的，我一点都不怕！"（p.62, 3行目）
> 「トラでもなんでも来るがいいわ。カギ爪なんて、怖くない！」

【解説】"放马过来" は、大昔の戦場で馬に乗っている相手を挑発するときに使われる表現だと思われます。直訳すれば「馬をかけてこい」という意味になります。現代ではもちろん戦争のシーンとはまったく関係がなく、ただ相手を挑発したり、自分を鼓舞したりするときに使う表現です。

【例文】

① 你要是想找个人出气就放马过来吧。
　 誰かに八つ当たりしたいんだったら、かかってこい。

② 面对困难，我们应该拿出那种 "放马过来" 的态度。
　 困難に直面するとき、「やってやろう」という気持ちを持つべきだ。

　 ＊この例文では、相手を挑発する意味がまったくなく、あくまでも自分たちを勇気づけるための言い回しです。

> 花真的是很难对付！（p.64, 下から2-1行目）
> 花というのは、どれも本当にてこずるものだ！

【解説】「…が手強い」「…をするのに手こずる」といった意味を表す場合、"(很/非常) 难对付" は使いやすい表現です。"对付" というのは「…を処置する」「…を相手に戦う」という意味を表します。

【例文】

① 这次的对手很难对付，你要小心啊。
　 今回は手強い相手がいるので、気をつけてくださいね。

② 日本客户对品质有很高的要求，非常难对付。
　 日本のお客様は、品質に対する要求が非常に高く、対応が難しいんです。

　 ＊海外では日本人のお客さんが品質に厳しい反面、相応の対価を支払ってくれるという噂をよく耳にします。

第三部

————— ✳ —————

第九章 – 第十二章

第九章

听说野鸟们曾帮助小王子离开他的星球。在出发当天的早上，小王子把星球收拾得整整齐齐。他还把活火山打扫得干干净净。活火山有两个，用来做早饭十分方便。此外还有一座死火山。小王子把他也打扫了一遍，说："谁也说不准哦！"只要将它们打扫干净，火山就会安静地燃烧，不会出什么问题。

新长出来的猴面包树的嫩芽也拔掉了。当小王子明白自己再也不会回到这个星球上的时候，他感到很悲伤。当他最后一次准备把玻璃罩罩在玫瑰花上的时候，他感觉很想哭。

"永别了。"小王子对花说道。
花没有回答。
"永别了。"他又说了一遍。

花只是咳嗽了一声。她并不是因为觉得冷。

■打扫 掃除する ■安静地 静かに ■燃烧 燃える、燃焼する ■永别了 さようなら

第 9 章

　野生の鳥たちが、王子さまが星を離れるのを助けてくれたらしい。出発の朝、王子さまは星をきれいに整えた。活火山を注意深く掃除した。活火山は二つあって、朝ごはんの支度に重宝したものだった。休火山もあった。でも王子さまは、「わからないからね！」と言っては掃除をしていた。きれいに掃除できているかぎり、火山は静かに燃えて、問題を起こさなかった。

　新しく出てきたバオバブの若芽も抜いた。この星には二度と戻らないとわかっていたので、王子さまは悲しくなった。最後にもう一回だけ、ガラスのケースをバラにかぶせる準備をしたとき、王子さまは泣きたかった。

　「さよなら」王子さまは花に言った。

　花は答えなかった。

　「さよなら」もう一度、言ってみた。

　花は咳をした。寒いからではなかった。

"我那时太傻了。"花终于开口说道:"之前我像那样对你真的很抱歉。你一定要幸福啊。"

小王子很惊讶,自己的离开竟然没有让花生气。小王子站着一动不动。他不知道该怎么办才好。他不懂花为什么要对他如此温柔。

"我爱你。"花说道:"但是你其实还不知道吧。就因为我像那样对你。但是,已经无所谓了。你和我一样都太傻了。你一定要幸福。罩子的事你就不用操心了。我已经不再需要了。"

"但是夜晚寒冷的空气会……"

"我没有那么娇弱……夜晚新鲜的空气对身体是有好处的。毕竟我是花啊。"

"但是野生动物会……"

"如果想要见到蝴蝶,就不得不忍受一两只毛虫。我听说蝴蝶都是非常漂亮的。再说了,除了它们还会有谁来造访我呢?你将去往远方。野生动物没什么好怕的。我还有刺呢。"

花天真地把四根刺展示给小王子看,并且说道:

"你别傻站在那儿了。你不是已经决定要走了嘛。那你就快去吧。"

她是怕小王子看到自己哭的样子。她真的是一朵非常要强的花……

■ 傻 ばか ■ 温柔 優しい ■ 操心 心配する ■ 不需要 いらない ■ 蝴蝶 蝶々 ■ 造访 訪れる ■ 要强 プライドが高い、負けず嫌い

　「わたくし、ばかでしたわ」とうとう花が言った。「あんな仕打ちをしてご
めんなさいね。幸せになってね」

　小さな王子さまは、自分が去ることで花が怒っていないのに驚いた。王子
さまは立ち尽くした。どうしてよいか、わからなかった。花がどうしておっ
とりと優しいのか、わからなかった。

　「あなたを愛しているわ」花は言った。「でもあなたは知らなかったのよね。
わたくしの仕打ちのせいで。でももう、どうでもいいことよ。あなたもわた
くしとおなじくらいばかだったのよ。幸せになってね。ケースのことは心配
しないで。もういらないの」

　「でも冷たい夜の空気が……」

　「わたくし、そこまで弱くありませんわ……。新鮮な夜気は体にいいのよ。
わたくしは花ですもの」

　「でも野生の動物が……」

　「蝶々に会いたければ、毛虫の一つや二つ、我慢しなければ。蝶々ってとて
ても綺麗だって聞いたことがあるわ。それに、他にだれが訪ねてきてくれる
っていうの？　あなたは遠くへ行ってしまう。野生動物なんて、恐くないわ。
トゲがあるんですもの」

　花は無邪気に４つのトゲを見せた。そして言った。

　「突っ立っていないでくださいな。行くと決めたんでしょう。お行きなさ
いよ」

　王子さまに、泣くところを見られたくなかったのだ。ほんとうにプライド
の高い花だった……。

第十章

　　小王子来到了小行星 325、326、327、328、329、330 的附近。他决定一个一个地去看看。他既是为了解这些星球，又是为了找点事做。

　　他最先去的小行星上住着一个国王。国王身穿一袭华丽的紫色长袍，坐在一个虽然简单却又十分漂亮的宝座上。
　　"快来看啊，我的臣民来了！"国王看见小王子不由得叫了出来。
　　小王子在心里嘀咕着：
　　"我是谁，他怎么会知道？他以前又没有见过我。"

　　小王子并不知道，在国王这种人看来，世界是非常简单明了的。因为他把所有人都看成是自己的臣民。
　　"你凑近一些让我好好看看你。"国王说道。他终于有了一个臣民，这让他感到十分骄傲。
　　小王子想找个地方坐下。但是这个星球全被国王的长袍所占据，所以他只能站着。小王子因为感觉累了，所以打了个哈欠。

■ 华丽 素晴らしい　■ 长袍 ローブ　■ 嘀咕 小声で不平を言う　■ 简单明了 単純明快　■ 打哈欠 あくびをする

第10章

　小さな王子さまは、小惑星325、326、327、328、329、330のそばに来て
いた。一つずつ、見て回ろうと決めた。星のことを知りたかったし、何かす
ることを見つけたかったのだ。

　最初の小惑星には、王さまが住んでいた。王さまは素晴らしい紫のローブ
を着て、シンプルで、でも美しい王座にすわっていた。

　「ほほう、臣民が来たわい！」小さな王子さまを見て、王さまは叫んだ。

　小さな王子さまは心の中で思った。

　「ぼくが何者だって、どうしてわかるんだろう？　今までぼくを見たことも
なかったのに」

　小さな王子さまは、王さまというものにとって、世界は非常に単純明快な
ところだと知らなかったのだ。なにしろ人間はみんな自分の臣民なのだから。

　「もっとよく見えるように近寄ってまいれ」王さまは言った。ついに臣民
ができたので、とても誇らしかったのだ。

　小さな王子さまはすわる場所を探した。でも星中が王さまのローブで一杯
だったので、立ったままでいた。疲れていたので、あくびが出た。

国王说道：

"在国王面前打哈欠是不被允许的。我命令你停止打哈欠。"

"我没忍住就打了出来。"小王子不好意思地答道："我长途旅行来到这儿，还没有睡过觉呢……"

"如果是这样的话，"国王说："我命令你打哈欠。我好多年都没见人打哈欠了。打哈欠真有趣。来吧！再给我打个哈欠。这是命令。"

"这倒让我有些难为情了……我已经打不出哈欠了。"小王子羞红了脸说道。

"嗯！嗯！"国王说道：
"那么……我命令你时不时地打哈欠。然后时不时……"

■ 允许 許す　■ 不好意思 申し訳ない　■ 难为情 決まりがわるい　■ 时不时 時々

王さまは言った。

「王さまの前であくびをするのは許されておらん。あくびをやめるように命令するぞ」

「つい、出てしまったんです」小さな王子さまは、申し訳なく思いながら答えた。「長い旅をして来て、寝ていないんです……」

「それならば」王さまは言った。「あくびをするよう命ずるぞ。あくびをするところを何年も見ていないからな。あくびは面白い。そら！ もう一度、あくびをせい。これは命令だぞ」

「それでは決まりがわるくて……。もうあくびはできません」赤くなりながら、小さな王子さまは言った。

「ふむ！ ふむ！」王さまは言った。「では……、では時々あくびをするように命令するぞ。そしてまた時々は……」

国王不再说话了。他看上去很不高兴。

国王最想要的是无论何时都能感觉到自己拥有至高的权力。国王的统治是绝对的，不容置疑的。但是，国王很贤明，他发出的命令总是有道理可讲的。

"如果我命令将军把自己变成一只鸟，而他却违背了我的命令，那不是他的错。而是我的错。"

"我可以坐下吗？"小王子问道。

"我命令你坐下。"国王一边答道，一边小心地将自己紫色的长袍挪开。

然而小王子吃了一惊。这个星球竟然如此的小。国王到底在统治着什么呢。

"陛下，"小王子问道："请允许我问您一个问题……"

"我命令你问我。"国王急忙答道。

"陛下……您到底在统治着什么呢？"

"所有东西。"国王答道。

"所有东西？"

国王摆摆手，他指了指自己的星球，其他的星球，以及所有的星球。

"这些全部都是？"

"这些全部都是……"国王回答道。

■ 不容置疑 疑問の余地がない　■ 违背 従わない　■ 挪开 ずらす　■ 摆手 手を振る　■ 所有
すべて

王さまはしゃべるのをやめてしまった。不機嫌そうだった。

王さまの一番の望みは、完全な権力を持っているといつも実感できることだった。王さまの支配は完全で、疑問の余地がないものだった。でも、王さまはとても賢明だったので、出す命令はいつも筋の通ったものだった。

「もしわしが将軍に鳥に姿を変えよと命令したとして、将軍が従わなかったら、それは将軍がわるいのではない。わしがわるいのだ」

「すわってもいいでしょうか」小さな王子さまはたずねた。

「すわるよう、命令するぞ」王さまは答え、気をつけながら紫のローブをずらした。

でも小さな王子さまはびっくりした。この星は本当に小さかったのだ。王さまは何を治めているのだろう。

「陛下」小さな王子さまは言った。「こんなことをおたずねするのをお許しください……」

「たずねるよう、命令するぞ」王さまは急いで言った。

「陛下……、陛下はいったい何を治めていらっしゃるのですか」

「すべてだ」王さまは答えた。

「すべて?」

王さまは手を振って、自分の惑星、他の惑星、それからすべての星々を指した。

「これをぜんぶ?」

「これをぜんぶだ……」王さまは答えた。

因为国王的统治不仅是绝对的，而且是遍及万物的。

"那些星星也都要听从国王您的号令吗？"

"当然啦。"国王说道："星星们要完全听从我的指挥。我不允许他们违背我。"

对于国王强大的权力，小王子感到十分吃惊。如果他自己也有这样的权力，那么不要说一天看四十四回日落了，就连七十二回、一百回、甚至是两百回，也能在不移动椅子的前提下看到。小王子想到自己离开的星球，不禁感到悲伤起来。于是他决定向国王提出一个请求。

"我想看日落……您能帮我实现这个愿望吗？请让太阳落山吧……"

"如果我命令将军像蝴蝶一样在花丛里飞来飞去，而他却不服从我，这是谁的错——是将军呢，还是我呢？"

"是国王您的错。"小王子干脆地答道。

"对啊。作为一国之君，我发出的命令必须是每个臣民能做到的才行。"国王说道："我的权力来自于我理性的恩赐。我如果命令臣民们跳海，他们一定会造反的。正因为我的命令是有道理可讲的，我才拥有作为国王统治的权力啊。"

■ 实现 かなえる　■ 飞来飞去 飛び回る　■ 干脆 きっぱり　■ 造反 反乱を起こす

王さまの支配というのは、完全なだけでなく、すべてのものに及ぶのだったから。

「星たちも王さまの命令に従うのですか」

「もちろんだ」王さまは言った。「星たちはわしの言うことを完ぺきに聞くぞ。従わないなどと、許さん」

あまりにも強大な権力に、小さな王子さまはショックを受けた。もしそんな権力が自分にあったら、日の入りを、1日に44回だけでなく、72回、100回、いや200回でも、椅子も動かさずに見ることができただろう。小さな王子さまは、あとに残してきた自分の小さな星のことを考えてなんだか悲しくなった。そして王さまにお願いをすることにした。

「日の入りが見たいのです……。かなえてくださいますか？ 日の入りを起こしてください……」

「もしわしが将軍に、蝶のように花から花へと飛び回るよう命令したとして、将軍が従わなかったら、それはだれがわるいのじゃ——将軍か、わしか？」

「王さまがわるいことになります」小さな王子さまはきっぱりと答えた。

「そのとおりじゃ。王さまとして、わしは臣民一人ひとりができることを命令せねばならん」王さまは言った。「わしの権力はわしの理性の賜物じゃ。わしが臣民に海に飛び込むよう命令したら、やつらは反乱を起こすであろう。わしは筋の通った命令をするから、王さまとして治める権利があるのだぞ」

小王子

"那么落日的事怎么办呢？"小王子问道。他但凡是问过一次的问题绝对不会忘记。

"我让你看日落。我来发号施令。但是，你得等到合适的时候。"

"合适的时候是什么时候？"小王子问道。

"嗯！嗯！"国王应道。他看着一张很大的日历说："嗯！嗯！那大概是……大概是……那是，今晚七点四十分左右吧！你可以看看我的命令是如何被严谨地执行的。"

小王子打了个哈欠。他想看日落。而且觉得很无聊。

"在这里，我没有其他可以做的事了。"小王子对国王说："我要走了！"

"你不能走。"国王答道。他很骄傲自己有了一个臣民。"你不要走——我封你为大臣！"

"管什么的大臣？"

"这个嘛……就司法大臣吧！"

"但是在这里，并没有可以审判的对象啊！"

"那可说不定哦。"国王说道："就连我也还没有见过这个国家的全貌。我年纪大了，没办法去旅行了，而且一走路就累。"

"哦！但是我都看过了。"小王子说道。他朝星球的另一侧看了看。"那边也没有任何人住呢。"

■ 日历 カレンダー　■ 大概 だいたい　■ 严谨地 きちんと　■ 无聊 退屈　■ 审判 裁く　■ 背面 裏側

「日の入りはどうなるのでしょうか?」小さな王子さまはたずねた。一度聞いた質問は絶対に忘れないのだ。

「日の入りは見せてやろう。わしが命令する。しかし、ちょうどよい時間まで待つとしよう」

「ちょうどよい時間とはいつですか」小さな王子さまは聞いた。

「えへん! えへん!」王さまは答えた。大きなカレンダーを見て、「えへん! えへん! それはだいたい……だいたい……、それはだな、今晩の7時40分ごろであろう! わしの命令がどれだけきちんと実行されているか、見るがよいぞ」

小さな王子さまはあくびをした。日の入りが見たかった。それに、退屈だった。

「ここでは、他にすることもありません」小さな王子さまは王さまに言った。「もう行くことにします!」

「行ってはならん」王さまは答えた。臣民がいるのが得意でならなかったのだ。「行ってはならん——お前を大臣にしよう!」

「何の大臣ですか?」

「その……、司法大臣じゃ!」

「でもここには、裁く相手がいないじゃありませんか!」

「それはわからんぞ」王さまは言った。「わしも王国すべてをまだ見ておらん。わしは高齢で、旅行の手段がないし、歩くと疲れるのでな」

「ああ! でもぼくはもう見ました」小さな王子さまは言った。惑星の裏側をのぞいてみた。「あちら側にも、だれも住んでいませんよ」

"那么，你可以审判你自己啊。"国王说道："这是最难的。审判自己比审判别人要困难得多。如果你能审判自己的话，那你就是一个绝顶聪明的人啦。"

"要审判自己，我去哪里都能做到。"小王子说道："我即使不住在这里也可以做到。"

"哼！哼！"国王说道："在我星球的某个地方，一定住着一只上了年纪的老鼠。因为每当夜晚来临我都能听见它的叫声。你可以去审判这只年老的老鼠啊。你可以时不时给他判死刑。但是每次你都要放了它。不能太浪费了。因为老鼠就只有那一只。"

"我讨厌给别人判死刑。"小王子说道："我得走了。"

"不可以。"国王说道。

小王子不想惹年老的国王生气，他说：

"陛下，你能给我下一个有道理的命令吗？比如说，让我在一分钟之内离开这里。我觉得这个时间正好……"

国王没有回答。小王子又多等了一会，最后还是叹着气离开了国王的星球。

"我任命你为大使。"国王急着叫嚷出来。

那完全就是统治者的口吻。

"大人们啊，真的是太奇怪了。"小王子一边走一边寻思着。

■ 绝顶聪明 非常に賢い　■ 上了年纪 年寄　■ 老鼠 ネズミ　■ 判死刑 死刑を宣告する　■ 口吻 口ぶり

「それでは、自分を裁くのじゃ」王さまは言った。「これが一番難しい。自分を裁くのは他人を裁くよりずっと難しいのじゃぞ。自分を裁くことができれば、それは非常に賢いやつじゃ」

「自分を裁くのは、どこにいてもできます」小さな王子さまは言った。「ここに住んでいなくてもできることです」

「えへん！ えへん！」王さまが言った。「わしの惑星のどこかに、年寄りのネズミが住んでおるはずじゃ。夜になったら聞こえるからな。この年寄りネズミを裁判にかけるのじゃ。時々、死刑を宣告するがよい。だがその度に、生かしておくのじゃぞ。無駄をしてはいかん。やつ1匹しかいないのじゃからな」

「だれかを死刑にするなんて、嫌です」小さな王子さまは言った。「ぼく、もう行かなきゃ」

「だめじゃ」王さまは言った。

小さな王子さまは、年老いた王さまを怒らせたくなかった。

「陛下、一つ、筋の通った命令をくださるのはいかがでしょう。たとえば、1分以内にここを去るという命令を。ちょうどよい時間だと思いますが……」

王さまは答えなかった。小さな王子さまはもう少し待ってみて、ため息をつきながら、王さまの惑星を去った。

「お前を大使に任命するぞ」王さまは急いで叫んだ。

権力者のような口ぶりだった。

「おとなって、かなり変わってるんだなあ」去りながら、小さな王子さまは思った。

第十一章

在第二个星球上，住着一个非常自恋的男人。

"哈哈，我的粉丝来了！"他刚一见到小王子就叫嚷道。

在这个自恋的人看来，谁都是他的粉丝。

"早上好。"小王子说："你戴着一个好奇怪的帽子啊。"

"这个帽子是我向他人致意用的。"自恋男说："每当有人称赞我的时候，我就把这顶帽子微微抬起一下。可惜的是，从没有人来我这里。"

"真的吗？"小王子说。他没有明白那个男人的意思。

"你拍拍手试试。"自恋男说道。

小王子拍了拍手。于是自恋男就一只手抬起帽檐，向小王子致意。

"这人感觉比之前的国王有意思多了。"小王子在心里嘀咕着。接着他又拍了拍手。于是自恋男又将帽檐抬起向他致敬。

就这样拍手一连拍了五分钟，小王子感到厌烦了。

"你为什么要抬起帽檐致意呢？"小王子问道。

■ 自恋 うぬぼれ　■ 粉丝 ファン　■ 叫嚷 叫ぶ　■ 抬起 持ち上げる

第11章

　2つ目の惑星には、とてもうぬぼれの強い
男が住んでいた。

　「ははあ、ファンが来たぞ！」小さな王子さ
まを見かけたとたん、彼は叫んだ。

　うぬぼれ屋には、だれもがファンに見えるのだ。

　「おはよう」小さな王子さまは言った。「変わった帽子をかぶってるね」

　「この帽子はご挨拶用なのさ」うぬぼれ屋は言った。「人が誉めそやしてく
れるときに、この帽子をちょいと持ち上げるのさ。不幸なことに、ここまで
やってくる人はいないがね」

　「ほんとう？」小さな王子さまは言った。わけがわからなかったのだ。

　「手をたたいてごらん」うぬぼれ屋は言った。

　小さな王子さまは手をたたいた。うぬぼれ屋は帽子を片手で持ち上げて、
挨拶した。

　「こっちのほうが、王さまのところより面白そうだぞ」小さな王子さまは
心の中で思った。そして、さらに拍手をした。うぬぼれ屋はまた、帽子を持
ち上げて挨拶した。

　5分ほど手をたたき続けたら、小さな王子さまは飽きてしまった。

　「どうして帽子を持ち上げて挨拶するの？」小さな王子さまはたずねた。

但是，自恋男并没有听见小王子说的话。自恋的人除了称赞之外就什么也听不见了。

"你真的在称赞我吗？"他问小王子。

"'称赞'是什么意思啊？"小王子反问道。

"称赞的意思就是你觉得我是这个星球上最帅，穿的衣服最好看，最有钱，头脑最好的人。"

"但是，这个星球上难道不是只有你一个人吗！"

"无所谓啦，快来夸夸我吧！"

"我来夸你。"小王子不太懂地问道："但是，别人夸你为什么那么重要呢？"

接着，小王子就离开了这个星球。

"大人们啊，真的是奇怪极了。"小王子一边继续他的旅行，一边在心里默想着。

第十二章

下一个星球上住着一个酒鬼。小王子虽然只在这个星球上待了没多久，但是感到十分悲伤。

■ 帅 かっこいい　■ 有钱 お金持ち　■ 继续 続ける、継続する

けれど、うぬぼれ屋には小さな王子さまの声が聞こえまなかった。うぬぼれ屋というのは、称賛以外は耳に入らないのだ。

「きみは、本当におれを称賛してる？」彼は小さな王子さまにたずねた。

「『称賛する』って、どういうこと？」小さな王子さまは言った。

「称賛するっていうのは、おれのことをこの惑星で一番かっこよくて、一番素敵な服を着ていて、一番お金持ちで、一番頭がいいと思うってことさ」

「だけど、この惑星にはきみしかいないじゃないか！」

「どうでもいいから、おれを称賛しておくれよ！」

「きみを称賛するよ」わけがわからないまま小さな王子さまは言った。「だけど、それがどうしてそんなに大事なの？」

そして、小さな王子さまはその惑星を去った。

「おとなって、本当にものすごく変わってるんだな」旅を続けながら、小さな王子さまは心の中で言った。

第１２章

次の惑星には、のんべえが住んでいた。小さな王子さまはこの惑星には少しの間しかいなかったが、ものすごく悲しくなった。

小王子

"你在这干什么呢?"小王子问那个酒鬼。酒鬼的面前有好多瓶子。有一些是空的,也有一些是满的。

"我在喝酒呢。"酒鬼以一种空洞的声音答道。
"你为什么要喝酒呢?"小王子问他。
"为了忘记啊。"酒鬼答道。
"忘记什么?"小王子问这句话时已经觉得他有些可怜了。
"我为了忘记这种难受的感觉。"酒鬼慢慢地从椅子上滑下去,回答道。

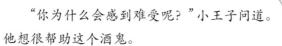

"你为什么会感到难受呢?"小王子问道。他想很帮助这个酒鬼。

"当然是因为喝酒啦!"酒鬼答道。然后他就一声不吭了。

小王子离开了那个星球。他不理解在那里看到的一切。

"大人们啊,真的是非常非常奇怪啊。"他自言自语道。

■ 酒鬼 のんべえ　■ 可怜 気の毒、かわいそう　■ 自言自语 つぶやく、独り言をする

「ここで何をしているの？」小さな王子さまはのんべえにたずねた。のんべえの前にはたくさんの瓶があった。空のものもあれば、いっぱいのものもある。

「飲んでるんだよ」のんべえは、うつろな声で答えた。

「どうして飲むの？」小さな王子さまはたずねた。

「忘れるためさ」のんべえは答えた。

「何を忘れるの？」もう気の毒になりながら、小さな王子さまはたずねた。

「この嫌な気持ちを忘れるためさ」椅子にますます沈みこみながら、のんべえは答えた。

「どうして嫌な気持ちになるの？」小さな王子さまはたずねた。のんべえを助けたかったのだ。

「飲むからだよ！」のんべえは答えた。そしてもう、何も言わなかった。

小さな王子さまはその星をあとにした。そこで目にしたことの意味がわからなかった。

「おとなって、本当に、とてもとても変わってるなあ」彼はつぶやいた。

覚えておきたい中国語表現

只要将它们打扫干净，火山就会安静地燃烧，不会出什么问题。
（p.72，4-5行目）
きれいに掃除できているかぎり、火山は静かに燃えて、問題を起こさなかった。

【解説】「…さえすれば」「…でさえあれば」という最低条件を表す接続表現には、"只要……就……"があります。最低条件とは、それさえやれば、ほかのことをやらなくても特定の事態が起こるということを言います。例えば、火山はきれいに掃除さえすれば、ほかに特に手入れしなくても、静かに燃えるということです。

【例文】

① 他只要开始提问，就绝不会停下来。（p.98，下から3-2行目）
一度たずね出したら、絶対にやめないのだ。

② 你只要等到我来就行了。（p.184，下から4-3行目）
きみは、ぼくが来るのを待つだけでいいんだ。

＊ここでの"就"は"只要"とペアで使う接続表現ではなく、「ただ…だけ」という意味を表す単なる副詞です。

③ 日本只要能在这场比赛中击败对手，就能在世界杯出线。
日本はこの試合で相手に勝てさえすれば、ワールドカップ出場権を獲得することができる。

＊"出线"は直訳すると「ラインを超える」という意味ですが、ここでは「出場権を獲得する」という意味になります。

如果他自己也有这样的权力，那么不要说一天看四十四回日落了，就连七十二回、一百回、甚至是两百回，也能在不移动椅子的前提下看到。（p.82，5-7行目）
もしそんな権力が自分にあったら、日の入りを、1日に44回だけでなく、72回、100回、いや200回でも、椅子も動かさずに見ることができただろう。

【解説】「…は言うまでもなく」「…はもちろんのこと」という意味を表す場合、"不要说（不用说）……就连……也（都）……"は使いやすい表現です。ややわかりにくいかもし

れませんが、"不要说"と"就连"のそれぞれの直後の名詞の関係を押さえれば使い方が理解しやすいです。例えば例文①では、宝くじの1等賞が当たったら何を買うかという話なのですが、"锦衣玉食（高い食事と服）"は普段からすれば贅沢かもしれませんが、"北京市中心的房子（北京の中心部の家）"とはとても比べ物になりませんね。

【例文】

① 如果我中了头彩，不要说每天锦衣玉食了，就连北京市中心的房子我也要买它好几套。

もし（宝くじの）1等賞が当たったら、毎日の食事や衣服はもちろん、北京の中心部に何軒も家を買いたいですね。

② 不要说六年级的小学生不会做这种题了，就连我们大人也很难算出正确的结果。

小学6年生がこの手の問題を解けないのはもちろんのこと、我々大人でも正しい結果を導き出すのに苦労するほどです。

③ 现在通货膨胀这么严重，不要说出国旅游了，就连日常生活都成问题。

今やインフレは深刻で、海外旅行はおろか、日常生活すらままならない。

审判自己比审判别人要困难得多。（p.86，1-2行目）
自分を裁くのは他人を裁くよりずっと難しいのじゃぞ。

【解説】"比……（得）多"は、「…と比べてずっと…」という意味を表す表現です。ここで王さまが言う通り、他人を裁くより自分を裁くほうがよほど難しいですね。関係のある表現として、有名な論語の中に"己所不欲，勿施于人（己の欲せざる所は人に施すことなかれ）"という教えがあります。

【例文】

① 但是这个点灯的人，比起国王、自恋男、企业家以及酒鬼来说还是要强得多。
（p.106，5-6行目）
でもこの点灯夫は、王さまや、うぬぼれ屋や、実業家やのんべえよりはまだましだ。

② "但是我可比国王的手指头有力气多了。"（p.134，1行目）
「だがおれは王さまの指よりもずっと力があるんだぜ」

> "哈哈，我的粉丝来了！"他刚一见到小王子就叫嚷道。（p.88, 2行目）
>
> 「ははあ、ファンが来たぞ！」小さな王子さまを見かけたとたん、彼は叫んだ。

【解説】"一……就……"の形で「…するとすぐに…」という意味を表します。この"一"は副詞で、"就"とともに文の前半と後半の2つの状況を関連づける役割をしています。とりわけ、文の前半の状況と後半の状況の時間的間隔の短さを強調するときに使います。

【例文】

① 我当初一见到她，就知道她是我命中注定的那个人。
   初めて会った瞬間に、彼女こそ私の運命の人だとわかっていた。

② 妈妈说："路上一定要注意安全。别忘了一到学校就给我打电话。"
   「行く途中、気をつけてね。学校に着いたらすぐに電話するのを忘れないでね」と母は言った。

③ 说明书上写得很清楚，你一看就明白了。
   説明書がわかりやすく書かれているので、読めばすぐにわかりますよ。

第四部

---　＊　---

第十三章 - 第十六章

13 第十三章

在第四个星球上，住着一个企业家。这个男人实在太忙了，就连小王子来也没有注意到。

"你好。"小王子说："你的香烟灭了。"

"三加二等于五。五加七等于十二。十二加三等于十五。你好。十五加七等于二十二。二十二加六等于二十八。我没时间再去点烟。二十六加五等于三十一。呼！总共是五亿一百六十二万两千七百三十一。"

"五亿指的是什么？"小王子问道。

"你说啥？你还在呢？五亿一百万的……想不起来了……我有好多事要做！我是一个大人物——我没时间跟你闹着玩！二加五等于七……"

"有五亿一百万的什么？"小王子问道。他只要开始提问，就绝不会停下来。

企业家抬起头。然后说道：

■ 企业家 実業家　■ 点烟 タバコに火をつける　■ 闹着玩 ばかなお遊びに付き合う、ふざける

第13章

4つ目の惑星には、実業家が住んでいた。この男はあまりにも忙しかったので、小さな王子さまが着いたのも目に入らなかった。

「こんにちは」小さな王子さまは言った。「タバコの火が消えてますよ」

「3足す2は5。5足す7は12。12足す3は15。こんにちは。15足す7は22。22足す6は28。火をつけ直す時間がないんだ。26足す5は31。ふう！これで5億162万2731だ」

「5億って何が？」小さな王子さまはたずねた。

「なんだって？ まだいたのか？ 5億100万の……思い出せん……しなけりゃならないことが一杯あるんだ！ おれは重要人物なんだぞ——ばかなお遊びに付き合っている暇はないんだ！ 2足す5は7……」

「5億100万の、何があるの？」小さな王子さまはたずねた。一度たずね出したら、絶対にやめないのだ。

実業家は顔を上げた。そして言った。

小王子

"我在这个星球上住了五十四年，被迫停下来的只有三次。第一次是二十二年前，不知从哪儿掉下来一只虫子。它发出的巨大响声，弄得我算错了四个地方。第二次是十一年前，那时我生病了。运动不足导致的。我没有可以浪费的时间。我可是一个大人物。第三次是……就是刚才！刚才算到了，五亿一百万……"

"什么有一百万，到底是什么？"
企业家意识到小王子不肯罢休。

"时不时能看到天空中有好几百万的那个。"
"是苍蝇吗？"
"不对。不对。是闪着光的小东西。"
"是蜜蜂吗？"
"不对。小小的金色的，懒汉们梦想得到的那个。都说了我是一个大人物。我没有时间做一些无谓的梦！"
"啊，是星星吗？"小王子说道。
"对，就是那个。是星星。"
"你要把五亿个星星怎么办？"
"是五亿一百六十二万两千七百三十一颗星星。我是一个大人物哦。我在仔细地数星星呢。"
"然后，你要对星星做什么呢？"

■ 被迫停下来 無理やりストップさせられる ■ 生病 病気になる ■ 浪费 無駄にする、浪費する ■ 苍蝇 ハエ ■ 蜜蜂 ミツバチ ■ 懒汉 怠け者 ■ 做梦 夢を見る

「この惑星に54年住んでるが、無理やりストップさせられたのは三度だけだ。一度は22年前で、どこからか知らないが虫が落ちてきたときだ。とんでもないひどい音がして、計算を4つ間違えたよ。二度目は11年前で、おれが病気になったんだ。運動が足りないんでな。

無駄にする時間はないんだ。おれは重要人物なんだぞ。三度目は……今だ！さっきの続きは、5億100万……」

「何100万もの、何があるの？」

実業家は、小さな王子さまが質問をやめそうにないのに気が付いた。

「時々空に見える何百万のモノさ」

「ハエのこと？」

「違う、違う。光る小さなものだ」

「ミツバチかなあ？」

「違う。小さくて金色で、怠け者が夢を見るあれさ。だがおれは重要人物なんだぞ。だらだらと夢を見ている暇はないんだ！」

「ああ、星のこと？」小さな王子さまは言った。

「そう、それだ。星だ」

「5億もの星をどうするの？」

「5億162万2731の星だ。おれは重要人物なんだぞ。慎重に星の足し算をするんだ」

「それで、その星をどうするの？」

"对它们做什么？"

"对。"

"我什么也不做。它们都是我的。"

"你拥有那些星星吗？"

"对啊。"

"但是我曾经见到过的一个国王已经说了……"

"国王什么都拥有不了。他只是统治它们罢了。这是很不一样的。"
企业家说道。

"拥有星星为什么那么重要呢？"

"因为可以变得有钱啊。"

"变得有钱为什么那么重要呢？"

"因为有钱的话，如果发现了其他的星星，就可以买更多啊。"

"这个男人和酒鬼的想法一样。"小王子想。即使这样，他还是多
问了几个问题。

"拥有星星这件事要怎么做到呢？"

"那你说除了我之外还有谁拥有它们呢？"企业家愤怒地答道。

"我不知道啊。没有谁啊。"

"就么说，那就是我的了。因为最先想到要拥有星星的人是我，所
以它们是我的。"

"仅仅这样就够了吗？"

"当然啦。如果有人发现了不属于任何人的钻石，那么那颗钻石就
属于发现它的人。如果有人发现了不属于任何人的岛屿，那么那座岛
屿就属于发现它的人。如果我最先想到一个主意，那么那个主意就是
我的。拥有星星这件事谁也没有想到过，所以星星就归我了。"

■ 拥有 所有する　■ 钻石 ダイヤモンド　■ 岛屿 岛　■ 主意 アイデア

「どうするかって？」

「そう」

「どうもしやせんよ。おれの所有物なんだ」

「星を持ってるの？」

「そうだ」

「でもぼくの会った王さまがもう……」

「王さまは何も所有してないさ。治めるだけだ。大変な違いだぞ」実業家は言った。

「星を所有することがどうしてそんなに大事なの？」

「金持ちになれるからさ」

「金持ちになるのがどうしてそんなに大事なの？」

「金持ちなら、他の星が見つかったとき、もっと買えるからな」

「この男はのんべえと同じ考え方をしているな」小さな王子さまは思った。それでも、もういくつか質問をしてみた。

「星を所有するなんて、どうやってできるの？」

「ほかにだれが所有してるっていうんだ？」実業家は怒って答えた。

「わからないよ。だれでもないよ」

「だったら、おれのものだ。最初に星の所有を考えたのはおれなんだから、おれのものだ」

「それだけでいいの？」

「もちろんいいんだとも。だれのものでもないダイヤモンドを見つけたら、そいつは見つけたやつのものだ。だれのものでもない島を見つけたら、それは見つけたやつのものになるんだ。何かアイデアを最初に思いついたら、そのアイデアは自分のものになる。星を持つってことをだれも考えつかなかったから、星はおれのものなのさ」

"你说的很有道理啊。"小王子说:"那么,你要把星星拿来干什么呢?"

"数一数,再数一数。"企业家说:"虽然这工作很累。但是毕竟我是大人物啊!"

然而小王子依旧有问题要问他。

"如果围脖是我的,那么我可以把它围在脖子上带走。如果是花,我可以把它摘下来带走。但是星星可没办法带走啊!"

"确实带不走,所以可以把它们存进银行。"企业家说道。

"那是什么意思?"

"意思就是,我把拥有星星的数量写在纸上。然后把那张纸放到安全的地方,再把它锁起来。"

"就这样吗?"

"这就足够了!"

"好奇怪啊。"小王子寻思着:"虽然这是一个很有趣的想法,但是没有道理啊。"对于重要的东西,小王子有着其他的想法。他对企业家说:

"我拥有一朵花,每天都会给它浇水。我还有三座火山,每周都要清扫一次。我对于花和火山来说是有用的。但是你对于星星来说难道不是什么用都没有吗?"

企业家张了张嘴,却想不到要说什么。于是小王子就离开了。

"大人们啊,真的是很奇怪啊。"小王子一边继续着行程,一边想着。

■ 道理 理屈　■ 围脖 襟巻き　■ 写在纸上 紙に書く　■ (上)锁 鍵をかける

「それは理屈が通ってるなあ」小さな王子さまは言った。「それで、星をどうするの？」

「数えて、また数えるのさ」実業家は言った。「大変な仕事さ。でもおれは重要人物だからな！」

でも小さな王子さまは、まだ質問がすんでいなかった。

「襟巻きがぼくのものなら、首に巻きつけて持っていけるよ。花なら、つんで持っていける。でも星は持っていけないじゃないか！」

「無理さ、だが銀行に入れることができる」実業家は言った。

「それはどういうこと？」

「つまり、おれが持つ星の数を紙に書くんだ。それを安全なところにしまって、鍵をかけておくのさ」

「それだけ？」

「それで十分だ！」

「おかしいなあ」小さな王子さまは思った。「面白い考えだけど、意味が通らないよ」大切なことについては、小さな王子さまはもっと別の考え方をしていたのだ。小さな王子さまは実業家に言った。

「ぼくは花を持ってるけど、花には毎日水をやるよ。火山は三つあるけど、週に一度はきれいにする。ぼくは、花や火山にとって役に立ってるんだ。でもきみは星の役に立っていないじゃないか」

実業家は口を開いたが、何も思いつかなかった。それで、小さな王子さまは去った。

「おとなは本当にとても変わっているんだな」旅を続けながら、小さな王子さまは思った。

14 第十四章

第五个星球非常不一样。这是迄今为止到访过的星球中最小的一个。小到只能容纳下一盏路灯和一个点路灯的人。小王子不明白,为什么在这个既没有房子又没有其他人的星球上,会有一盏路灯和一个点路灯的人。尽管如此他还是在心里想:

"点灯人的存在确实让人摸不着头脑。但是这个点灯的人,比起国王、自恋男、企业家以及酒鬼来说还是要强得多。至少,这个人的工作还有意义。他把灯点亮就相当于是造出了一颗星星或是一朵花。当他把灯熄灭时,就仿佛是让星星或是花进入梦乡。这工作也太美妙了。也正因为它很美妙,所以它也是有意义的。"

小王子在抵达这个星球后,就和点灯人打招呼说道:
"你好。你为什么把路灯熄灭了?"
"因为我接收到了命令。"点灯人说道:"早上好。"
"是什么命令?"
"熄灭路灯的命令。晚上好。"接着点灯人又把路灯点亮了。

■ 容纳 おさまる ■ 路灯 街灯 ■ 至少 少なくとも ■ 熄灭 消す

第14章

　5つ目の惑星は、とても変わっていた。今までの中で一番小さい惑星だった。街灯と点灯夫がおさまるだけのスペースしかなかったのだ。小さな王子さまは、家も他の人もいない惑星に、なぜ街灯があり、点灯夫がいるのかわからなかった。でも心の中で思った。

　「点灯夫がいるのはばかげたことかもしれない。でもこの点灯夫は、王さまや、うぬぼれ屋や、実業家やのんべえよりはまだましだ。少なくとも、この人の仕事には意味があるもの。彼が火を灯したら、星か花をもう一つ、つくり出すことになるんだろう。火を消すときには、星か花を眠りにつかせるようなものなんだ。なんだかきれいな仕事だなあ。そして、きれいだから、役にも立っているんだ」

　惑星に着いてから、小さな王子さまは点灯夫に挨拶した。

　「こんにちは。どうして街灯を消したの？」

　「命令を受けているからさ」点灯夫は答えた。「おはよう」

　「命令って、どんな？」

　「街灯を消すことさ。こんばんは」そして点灯夫は、また街灯に火を点けた。

"但是，你为什么又把它点亮了呢？"小王子问道。

"因为我接收到了命令。"点灯人答道。

"我不明白。"小王子说道。

"你没有什么一定要弄明白的。"点灯人回答说："命令就是命令。早上好。"接着他又把灯熄灭了。

然后他用手帕擦了擦脸。

"这个工作太累了。以前完全不像这样的。早上把路灯熄灭，晚上再点亮。在工作之余，白天的时间可以用来休息，晚上的时间用来睡觉……"

"是在那之后命令改变了吗？"

"命令没有变。"点灯人说："就是没变才有问题！这个星球每年越转越快，然而命令却没有变！"

"然后怎么样了呢？"小王子问道。

"现在是一分钟转一圈，完全没有休息的时间。我每一分钟都在不停地点亮街灯然后再熄灭它！"

"这也太荒唐了吧！你星球上的一天只有一分钟啊！"

■ 手帕 ハンカチ　■ 擦 ぬぐう　■ 休息 休む

「でも、どうしてまた点けたの？」小さな王子さまはたずねた。

「命令を受けているからさ」点灯夫は答えた。

「わからないよ」小さな王子さまは言った。

「わからなきゃならないことなんて、何もないさ」点灯夫は答えた。「命令は命令だよ。おはよう」そして街灯を消した。

それからハンカチで顔をぬぐった。

「この仕事はひどいよ。昔はちゃんとしてたんだ。朝、街灯を消して、夜点ける。それ以外の昼の時間は休んで、それ以外の夜の時間は眠れたんだが……」

「それから命令が変わったの？」

「命令は変わっていないよ」点灯夫は言った。「それが問題なんだ！ この惑星は、毎年どんどん早く回転しているのに、命令は変わらないんだ！」

「どうなったの？」
小さな王子さまがたずねた。

「今じゃ1分に1度回転するから、休むひまがないんだ。毎分、街灯を点けたり消したりしているんだよ！」

「なんておかしいんだろう！ きみの惑星の1日はたった1分なんだね！」

"这一点儿也不荒唐。"点灯人说:"我们已经在这儿聊了一整个月了。"

"都一个月了?"

"对啊,三十分钟! 三十天! 晚上好。"接着点灯人又点亮了路灯。

小王子十分佩服对命令如此忠实的点灯人。他想起了自己星球上的日落,也想起了自己挪动椅子只为多看几次日落的事。于是,小王子想帮帮点灯的人,他说:

"我知道在你需要休息的时候怎样才能休息……"

"我时刻都需要休息啊。"点灯人说。

在服从命令的同时,也是可以好好休息的。

小王子接着说:

"因为你的星球很小,只要走三步就可以绕它一周。你即使慢慢走,也会一直是白天。所以说,你在想休息的时候只要走起来就好了……只要你愿意就一直是白天。"

"你这个建议没有什么用啊。"点灯人说:"我真正想做的事是睡觉。"

"那你就太不走运了。"小王子说。

"我太不走运了。"点灯人表示赞同。"早上好。"说着他就把路灯熄灭了。

小王子一边继续着他的旅途,一边寻思着。

"那个点灯人应该会被我之前遇到的所有人看不起吧——包括国王、自恋男、酒鬼、以及企业家……但是在我看来那个人是唯一一个看起来不荒唐的人。可能是因为,那个人是唯一一个不只考虑自己的人吧。"

■ 挪动 動かす　■ 服从命令 命令に従う　■ 不走运 ついていない、運が悪い　■ 看不起 見下す

「ちっともおかしかないね」点灯夫は言った。「おれたち、もう丸ひと月もしゃべってるんだぜ」

「ひと月も？」

「そうさ、30分！ 30日！ こんばんは」そして街灯をまた点けた。

小さな王子さまは、命令にこんなに忠実な点灯夫をすごいと思った。自分の惑星の入り日を思い出し、椅子を動かして何度も見ようとしたのを思い出した。小さな王子さまは、点灯夫を助けたくなって言った。

「休みが必要なときに取れる方法を知ってるよ……」

「休みなら、いつも必要だね」点灯夫は言った。

命令に従いながら、同時にゆっくりすることも可能なのだ。

小さな王子さまは続けた。

「きみの惑星は小さいから、3歩で一周できる。ゆっくり歩いても、いつも昼間だよ。だから、休みたいときには歩けば……、好きなだけ昼間が続くよ」

「それはあんまり役に立たないよ」点灯夫は言った。「本当にしたいのは、寝ることなんだから」

「それはついてないね」小さな王子さまは言った。

「ついてないな」点灯夫は同意した。「おはよう」そして街灯を消した。

旅を続けながら、小さな王子さまは思った。

「あの点灯夫は、ぼくの出会った全員に見下されるだろう——王さまにも、うぬぼれ屋にも、のんべえにも、実業家にも……。でもぼくには、ばかげて見えないのはあの人だけだ。たぶん、自分以外のことを考えてるのはあの人だけだからだろう」

小王子一边叹着气，一边自言自语道：

"可能和我成为朋友的人也只有他了。但是奈何那个星球太小了。对于两个人来说就太挤了……"

小王子还有一个想继续留在那个星球上的理由，那就是可以在二十四小时之内看到一千四百四十回日落！

 第十五章

第六个星球要比第五个星球大十倍，上面住着一个在写一本非常大的书的老爷爷。

"看啊！这不是探险家嘛。"老爷爷看见小王子，于是喊了出来。

小王子一屁股坐在老爷爷的书桌上。他累坏了。因为他是从很远的地方旅行来到这儿的！

"你是从什么地方来的？"老爷爷问道。

"这本大书是什么？你在这里干什么啊？"小王子反问道。

"我是一位地理学家。"老爷爷说。

"地理学家是什么？"

■ 叹气 ため息をつく　■ 朋友 友達

　小さな王子さまはため息をついて、独り言を言った。

　「友達になれそうなのはあの人だけだったのに。でも、あの星は小さすぎる。二人には狭すぎるんだ……」

　小さな王子さまがその小惑星にもっといたかった理由はもう一つ、入り日が24時間に1440回もあるからだった！

第15章

　6つ目の惑星は、5つ目の惑星より10倍も大きくて、非常に大きな本を書くおじいさんが住んでいた。

　「ほう！　探検家じゃな」小さな王子さまを見て、おじいさんは叫んだ。

　小さな王子さまはおじいさんの机の上にすわった。疲れていたのだ。とても遠くまで旅してきたのだから！

　「どこから来たのじゃな？」おじいさんはたずねた。

　「この大きい本はなんですか？　ここで何をしているんですか？」小さな王子さまがたずねた。

　「わしは地理学者じゃ」おじいさんは言った。

　「地理学者ってなんですか？」

"就是知道所有的海洋、河流、城市、山脉、沙漠在哪里的人。"

"那真是太有趣了。"小王子说:"这才是真正的工作!"接着,他朝四周看了看这位地理学家的星球。他从未见过如此巨大而美丽的星球。

"你的星球真美啊。上面有很多海洋吗?"

"我不知道啊。"地理学家答道。

"嗯?"(小王子很失望)"那有山脉吗?"

"我不知道啊。"地理学家答道。

"那城市、河流以及沙漠呢?"

"那些我也不知道。"地理学家答道。

"但是你难道不是地理学家吗!"

"我是啊。"地理学家说:"但是,我不是探险家。这个星球上没有探险家。寻找城市、河流、山脉、海洋以及沙漠不是地理学家的工作。做这些工作太掉价了。一位地理学家绝不会离开他的书桌。但是我会和探险家交流,记录下他们的所见所闻。如果那个人说的东西很有趣,那么我就会去调查他这个人是否靠谱。"

■ 掉价 (何々をするのに)偉すぎる　■ 靠谱 ちゃんとした、頼りにできる

「海、川、町、山、砂漠のある場所をぜんぶ知っている人のことじゃよ」

「それはとても面白いですね」小さな王子さまは言った。「これこそ、本物の仕事だ！」そして、地理学者の惑星を見回した。こんなに大きくて、美しい惑星は見たことがなかった。

「とても美しい惑星ですね。海はたくさんあるんですか？」

「知らんよ」地理学者は答えた。

「えっ」（小さな王子さまはがっかりした）「山はあるんですか？」

「知らんね」地理学者は答えた。

「町や川や砂漠は？」

「それも、知らん」地理学者は答えた。

「でもあなたは地理学者でしょう！」

「その通り」地理学者は言った。「だが、わしは探検家ではない。この星には探検家はおらんのじゃ。町や川や山や海や砂漠を探すのは地理学者の仕事じゃない。そんなことをするには偉すぎるのでな。地理学者は絶対に机を離れん。だが探検家と話して、彼らの見てきたことを書き留める。そいつの話が面白ければ、その探検家がちゃんとした人間かどうかを調べるのじゃ」

"为什么呢？"

"如果探险家是个骗子的话，那他会给地理学的书带来很大的麻烦。喝太多的探险家也是一样的。"

"为什么呢？"小王子问他。

"因为酒鬼看到的东西都是重影。那样的话，我就会在原本只有一座山的地方标注出两座来。"

"我认识一个可能会成为坏探险家的人。"小王子说。

"你说的事可能性很大。如果我知道一个探险家是靠谱的，我就会去研究他的发现。"

"你会亲自去考察他的发现吗？"

"我不会。那太困难了。但是作为一个探险家，必须向我证明他的发现是真实存在的。如果他声称发现了一座大山，那我就会让他拿一块大岩石过来。"

地理学家突然兴奋地叫了起来：

"你不就是从很远的地方来的嘛！你就是探险家啊！快给我讲一讲你的星球！"

地理学家翻开他的书，并取出一支铅笔。最开始他一定会使用铅笔。他会等到探险家证明自己的发现为止，从那时起他才会使用墨水笔记录。

■ 骗子 うそつき　■ 标注 書き込む、表記する　■ 兴奋 興奮する　■ 翻开（本を）開く　■ 墨水笔 ペン

「なぜですか？」

「探検家がうそつきだと、地理学の本にとんでもない問題が起こるからじゃ。飲みすぎる探検家も同じじゃ」

「どうしてですか？」小さな王子さまはたずねた。

「のんべえには物事が二重に見えるからじゃ。そうすると、山が一つしかないところに、二つ書き込んでしまうことになる」

「わるい探検家になりそうな人を知ってますよ」小さな王子さまは言った。

「ありうる話だ。探検家がちゃんとした奴だとわかったら、そいつの発見したことを研究するのじゃ」

「その発見を見に行くんですか？」

「いいや。それは難しい。だが探検家は、自分の発見が本物だということをわしに証明しなければならん。大きな山を見つけたのなら、大きな岩石を持って来させるのじゃ」

地理学者は急に、興奮して叫んだ。

「きみは遠くから来たんじゃないか！　きみは探検家だ！　きみの惑星について話してくれ！」

地理学者は本を開き、鉛筆を取り出した。最初は、かならず鉛筆を使うのだ。探検家が自分の発見を証明するまで待って、それからペンで書くのだ。

"可以开始了吗？"地理学家问道。

"哦，我住的星球没什么意思，"小王子说："它非常小。上面有三座火山。两座是活火山，一座正在休眠。但是我不清楚它什么时候会苏醒。"

"确实说不清。"地理学家说道。

"上面还有一朵花。"

"我不会记录关于花的事。"地理学家说道。

"为什么呀？花朵明明那么漂亮！"

"因为花朵转瞬即逝啊。"

"'转瞬即逝'是什么意思？"

"地理学的书是所有书里最重要的书。"地理学家说："这种书从不会过时。因为山脉移动之类的事是极为罕见的。海洋干枯也是极为少见的。地理学家只记录绝对不会变的事。"

"但是休眠火山苏醒这种事也是有可能的啊。"小王子说："'转瞬即逝'是什么意思？"

"火山无论是休眠还是活动，都和地理学家无关。对于我们来说重要的是那座山。山是不会变的。"

"但是，'转瞬即逝'是什么意思？"小王子催促道。他一旦开始问一个问题，就绝不会停下来。

"意思就是'不会持久的东西'。"

"我的花不会持久吗？"

"当然。"

■ 转瞬即逝 はかない ■ 过时 古くなる、時代遅れ ■ 罕见 まれ、めずらしい ■ 催促 催促する ■ 持久 長続きする

「さて？」地理学者は言った。

「ああ、ぼくの住んでいる星はあまり面白くありませんよ」小さな王子さまは言った。「とても小さいんです。火山が三つあります。二つは活火山で、もう一つは眠っています。でもわかりませんけどね」

「わからんぞ」地理学者は言った。

「花もあります」

「わしは花については書かん」地理学者は言った。

「どうしてですか？　あんなにきれいなのに！」

「花は、はかないからじゃ」

「『はかない』って、どういうことですか？」

「地理学の本は、全ての本の中で一番重要な本じゃ」地理学者は言った。「古くなるということがない。山が動いたりするのは非常にまれじゃからな。海が乾くのも非常にまれじゃ。地理学者は絶対に変わらないもののことしか書かないのじゃよ」

「でも休火山が目を覚ますこともありますよ」小さな王子さまは言った。「『はかない』ってどうことですか？」

「火山が休んでいようが活動していようが、地理学者には関係ない。我々にとって大事なのは山なのじゃ。山は不変じゃ」

「でも、『はかない』って何ですか？」小さな王子さまはせがんだ。一度たずね始めた質問は、絶対にやめないのだ。

「『長続きしないもの』のことじゃ」

「ぼくの花は長続きしないの？」

「そのとおり」

"我的花是转瞬即逝的吗?"小王子在心里想着:"我的花为了在这充满危险的世界里保护自己,只长了四根刺啊!尽管如此,我却留下她一个人。"

突然间,小王子对自己的离开感到非常后悔。但是他鼓起勇气问道:

"我应该去拜访哪个星球呢?"小王子问地理学家。

"地球吧。"地理学家答道:"它被认为是一个了不起的星球。"

于是小王子便出发了。他一边惦记着花的事。

 # 第十六章

就这样,小王子到访的第七个星球就是地球。

地球的确是一个非常有意思的地方!上面住着一百一十一个国王,七千个地理学家,九十万个企业家,七百五十万个酒鬼,还有三亿一千一百万个自恋的人。总共算下来,大人有二十亿个左右。

■ 后悔 後悔する　■ 鼓起勇气 勇気をふるい起こす　■ 拜访 訪ねる　■ 了不起 見事

「ぼくの花は、はかないのか」小さな王子さまは心の中で思った。「ぼくの花は世界中の危険から自分を守るのに、4つのトゲしか持っていないんだ！それなのにぼくは、花をひとりぼっちにした」

突然、小さな王子さまは星を出なければよかったと後悔した。でも勇気をふるい起こした。

「どの惑星を訪ねたらいいですか？」小さな王子さまは地理学者にたずねた。

「地球じゃ」地理学者は答えた。「見事な惑星だということになっておる」

小さな王子さまは出発した。花のことを思いながら。

第16章

そんなわけで、小さな王子さまが訪ねた7つ目の惑星は地球だった。

地球はなかなか面白いところだった！ 王さまが111人、地理学者が7000人、実業家が90万人、のんべえが750万人、うぬぼれ屋が3億1100万人いたのだ。ぜんたいで、おとなが20億人くらいいた。

为了让你明白地球有多大，我就告诉你在电被发明出来之前，地球上有四十六万两千五百一十一个负责点灯的人。

从空中眺望过去，那些灯火让地球看上去像一幅美丽的画卷。点灯的人们就像是大舞台上的舞者一样彼此协作。首先，新西兰和澳大利亚的点灯人会在睡前把路灯点亮。然后是中国和西伯利亚、接着是俄罗斯和印度的点灯人。在那之后是非洲和欧洲，紧接着是南非，最后轮到北非。点灯人绝不会把点灯的顺序弄错。他们的舞姿简直是完美，看着就让人心醉神迷。

工作最轻松的要属北极和南极的点灯人了。因为他们一年只工作两回。

■ 画卷 絵、絵巻　■ 协作 連携する、协力する　■ 弄错 間違える　■ 舞姿 踊り　■ 完美 完ぺき

　地球の大きさをわかってもらうために、電気が発明される前には、46万2511人の点灯夫がいたということをお話ししておこう。

　空のかなたから眺めると、その灯りのおかげで、地球は美しい絵のようだった。点灯夫たちは、大舞台の踊り子たちのように連携して働いた。まず、ニュージーランドとオーストラリアの点灯夫が寝る前に街灯を灯す。次は中国とシベリア、それからロシアとインドの点灯夫。その後アフリカとヨーロッパ、南アメリカと続いて、最後に北アメリカの番だ。点灯夫が順番を間違えて火を灯すことは決してない。彼らの踊りは完ぺきで、見ていてとても美しいものだった。

　一番楽な仕事をしているのは、北極と南極の点灯夫だ。年に2回しか働かない。

覚えておきたい中国語表現

> 我在这个星球上住了五十四年，被迫停下来的只有三次。
> （p.100, 1行目）
> この惑星に54年住んでるが、無理やりストップさせられたのは三度だけだ。

【解説】「見られる」「食べられる」など受身を表す場合、"被"を使うのが普通ですが、"停下来（止まる、ストップする）"は自動詞（目的語を取らない動詞）のため、受身を表す場合、「ストップされる」ではなく「ストップさせられる」という使役受身の形にしなければなりません。そこで選ばれた動詞は"被迫"なのです。

【例文】

① 我在昨天的忘年会上被灌了好多酒，现在想起来还觉得后怕。

昨日の忘年会で散々飲まされたので、今でも思い出すと怖いくらいです。

＊人にお酒を飲ませるという意味を表す場合、"灌（酒）"は使いやすい動詞です。"让（させる）＋喝（飲む）"という表現も可能ですが、"灌酒"ほど普通ではありません。

② 他因为被同事看到在上班的时间浏览购物网站而丢掉了饭碗。

彼は勤務時間中にショッピングサイトを閲覧しているところを同僚に見られ、職を失った。

＊"丢掉了饭碗"は「仕事を失った」ことを言うときによく使われる便利な表現です。「仕事」があっての「ご飯」ですので、仕事がなくなったら、ご飯を食べる茶碗、つまり"饭碗"を失うことになりますね。

> 至少，这个人的工作还有意义。（p.106, 6-7行目）
> 少なくとも、この人の仕事には意味があるもの。

【解説】"至少"は「少なくとも」という意味です。ここでは、"点灯人（点灯夫）"の仕事は命令に従うだけなので退屈ですが、王さま、企業家、のんべえなどと比べたら、「少なくとも」意味があると言えるということを表しています。「多くとも」という反対の意味を表すには、"至多/最多/顶多"などの表現があります。

【例文】

① 尽管这次的项目没有收获成功，但是至少我们积累了宝贵的经验。

このプロジェクトは成功したとは言えませんが、少なくとも貴重な経験を得ることができました。

② 要想在这个行业里取得一定的成绩，至少要再干个十年八年的。

この業界で一定の成功を収めるには、少なくともあと10年か8年はかかるでしょう。

③ 这次出差我最多去三天就回来。

今回の出張から帰ってくるのはせいぜい3日後だ。

这个星球每年越转越快，然而命令却没有变！（p.108，下から6-5行目）
この惑星は、毎年どんどん早く回転しているのに、命令は変わらないんだ！

【解説】「ますます…」「どんどん…」という意味を表す場合、"越来越……"はよく使われる表現です。その直後に"快（速い）""忙（忙しい）"という形容詞が来ることもあれば、"像（似る）"のような動詞が来ることもあります。

【例文】

① 这些年我们虽然变得越来越忙了，但是工资却几乎没有上涨。

年々忙しくなっているのに、給料はほとんど上がっていない。

② 你说话的口气越来越像你们的老板了。

あなたの話し方はだんだん上司に似てきたね。

③ 现在的人做生意越来越没有底线了。

最近の人はビジネスにおける倫理観がますます希薄になってきている。

＊"底线"とは「（モラルの）最低ライン」のことを指します。

第六个星球要比第五个星球大十倍，上面住着一个在写一本非常大的书的老爷爷。（p.112，下から9-8行目）

6つ目の惑星は、5つ目の惑星より10倍も大きくて、非常に大きな本を書くおじいさんが住んでいた。

【解説】「…と比べて何倍…」という意味を表現する場合、"名詞1＋比＋名詞2＋形容詞＋数詞＋倍" は定番の文型です。ここでは、"第六个星球（6つ目の惑星）＋比＋第五个星球（5つ目の惑星）＋大（大きい）＋十（10）＋倍" という構造が見て取れます。

【例文】

① 中国的土地面积要比日本大二十五倍。
中国の国土面積は日本の25倍もある。

② 世界一流的足球运动员跑得比你快两倍还多呢。
世界的なサッカー選手は、あなたの倍以上の速さで走ることができます。

＊「倍以上／3倍以上」などより複雑な意味を表すときは、"两倍/三倍＋还多（よりも多い）" というパターンを利用することも可能です。

如果那个人说的东西很有趣，那么我就会去调查他这个人是否靠谱。
（p.114，下から2-1行目）

そいつの話が面白ければ、その探検家がちゃんとした人間かどうかを調べるのじゃ。

【解説】"靠谱" はもともと中国北部の方言で、「ちゃんとしている」「信用できる」といった意味を表す流行りの表現です。人の性格や仕事ぶりについていう場合がほとんどですが、例文②のように「ビットコイン」などのようなものについて評価する場合に使うこともあります。ものについていう場合は、"不靠谱" のように否定的な意味で使われる場面が圧倒的に多く、「当てにならない」という意味を表します。

【例文】

① 他这个人说话一点也不靠谱。
あの人の言うことは全くあてにならない。

② 每个父亲都希望自己的女儿能嫁给一个靠谱的男人。

父親なら誰でも、娘には頼りがいのある男と結婚させたいと思うものだ。

③ 比特币这种东西不靠谱。你要是真信了早晚会倾家荡产。

ビットコインというものは信用できない。本気で信じたら、遅かれ早かれ全財産を失うことになる。

首先，新西兰和澳大利亚的点灯人会在睡前把路灯点亮。然后是中国和西伯利亚、接着是俄罗斯和印度的点灯人。在那之后是非洲和欧洲，紧接着是南非，最后轮到北非。（p.122, 4-7行目）

まず、ニュージーランドとオーストラリアの点灯夫が寝る前に街灯を灯す。次は中国とシベリア、それからロシアとインドの点灯夫。その後アフリカとヨーロッパ、南アメリカと続いて、最後に北アメリカの番だ。

【解説】日本語の「まず／続いて／それから／最後に」といった順序を表す表現に対応する中国語表現として"首先/然后/接着/在那之后/紧接着/最后"などが挙げられます。ここでは、点灯夫が街灯を灯す順序、つまり、世界各国で日が暮れる時間的前後関係を表すのにそれらを使っているのです。

【例文】

① 首先，请允许我介绍一下我们公司的业务情况。然后，我会根据贵公司的需求提出该项目的解决方案。最后，我恳请贵公司给我们提出宝贵的改进意见。

まず、弊社のビジネスを紹介させてください。それから、御社のニーズを踏まえたソリューションをご提案させていただきます。最後に、御社に貴重なご意見をいただき、改善したいと思います。

＊この例文にあるビジネスの場面だけでなく、以下に示すように日常的な場面でも順序を表す表現は頻繁に使われると思われます。

② 首先，我没钱。其次，即使我有钱也不会借给你。

まず、私はお金を持っていません。第二に、たとえお金があったとしても、あなたには貸さない。

第五部

第十七章－第二十章

第十七章

　　我为了好玩儿，终于有一次忍不住撒了一个谎。我之前聊到点灯人的时候，我没有只说实话。因此，对于那些不太了解我们这个星球的人来说，可能会有被误解的危险。实际上，人在地球上所占的面积小的可怜。如果在地球上居住的二十亿人全都站在同一个地方的话，那么长二十英里，宽二十英里的一块地方就足够装下他们了。也就是说太平洋上的一个小岛就足以容纳地球上所有的人了。

　　当然大人们是不会相信这些的。他们想要感觉自己占据了很大的地方。他们觉得自己像猴面包树一样很大而且很重要。但是请大家不要再为了说服他们而浪费时间了。大家没有那样做的道理。因为大家都相信我说的话。

　　小王子在刚来到地球的时候，很惊讶于只有他一个人。因为他看不到哪怕是一个人。他担心自己是不是错误地来到了别的星球。就在那个时候，他看见沙子中间有一个金色的东西在动。

　　"晚上好。"小王子说道。

　　"晚上好。"一条蛇答道。

■ 容纳 収まる、収容する　　■ 占据 占領する、占める　　■ 沙子 砂

第17章

　ぼくは面白おかしくしたいと思うと、つい、ちいさなウソをついてしまうことがある。点灯夫の話をしていたときも、本当のことだけを話したわけではない。そのため、ぼくたちの惑星のことをよく知らない人たちを混乱させてしまう危険性がある。実際、人が地球の上で占める面積はごくわずかだ。もし地上に住む20億人が全員、一つの場所にかたまって立ったら、縦に20マイル、横に20マイルのスペースに余裕で入ってしまうだろう。地球に住む人全員が、太平洋の小島一つに楽に収まってしまうのだ。

　もちろん、おとなはこの話を信じようとしない。たくさんの場所を占領していると思いたいのだ。自分たちが、バオバブのように大きくて重要だと思っているのだ。でも彼らに気をつかって時間を無駄にするのはやめよう。そうする理由がないのだ。みんなはぼくの言うことを信じてくれるのだから。

　小さな王子さまは地球に着いたとき、ひとりぼっちだったのでとてもびっくりした。人っ子ひとり、見かけないのだ。来る惑星を間違えたのではないかと心配になった。ちょうどその時、砂の中で金色のものが動くのが見えた。

　「こんばんは」小さな王子さまは言った。

　「こんばんは」ヘビが答えた。

小王子

"这个星球是什么地方？"小王子问道。

"这里是地球上的非洲。"蛇答道。

"诶？这么说地球上没有任何人居住咯？"

"这里是沙漠。没有人会住在沙漠里。地球是非常巨大的。"蛇答道。

小王子坐在一块石头上。仰望着天空说：

"星星闪闪发光是为了等待人们在某一天发现自己吗？"他接着说："你看我的星球。它正好处在我们的头顶上……但是它好遥远啊！"

"真好看。"蛇说道："那你为什么还要来这里呢？"

"我和花的关系闹僵了。"小王子说道。

"哦。"蛇说道。

他们谁也没有再说什么。

"人们都在哪儿呢？"过了一会儿小王子问道："在沙漠里会寂寞的……"

"在人群中也一样会感到寂寞。"蛇说道。

小王子一直凝视着这条蛇。

"你这种生物长得好奇怪啊。"小王子对蛇说道："像手指头一样又长又细……"

■居住 住む　■发光 光る　■头顶上 真上　■寂寞 寂しい　■手指 指

「この惑星はどういうところ？」小さな王子さまがたずねた。

「地球の、アフリカにいるんだよ」ヘビが言った。

「えっ。じゃあ地球にはだれも住んでないの？」

「ここは砂漠なんだ。砂漠にはだれも住まないのさ。地球はとても大きいからな」ヘビが答えた。

小さな王子さまは石に腰を下ろした。空を見上げて、

「星は、だれもがいつか自分の星を見つけられるように、光ってるのかなあ？」と言った。「ぼくの星を見て。ちょうど、ぼくらの真上だ……。でも何て遠いんだろう！」

「きれいだな」ヘビは言った。「なんでまた、ここに来たんだい？」

「花とうまくいかなくなっちゃったんだ」小さな王子さまは言った。

「ああ」ヘビが言った。

どちらもそれ以上、何も言わなかった。

「人はどこにいるの？」しばらくして小さな王子さまがたずねた。「砂漠にいると寂しいよ……」

「人の中にいても寂しいさ」ヘビは言った。

小さな王子さまは、ヘビを長い間見つめた。

「きみは変わった格好の生き物だなあ」小さな王子さまはヘビに言った。「指みたいに長くて細い……」

"但是我可比国王的手指头有力气多了。"蛇说道。

小王子微笑着说：

"你怎么会有那么大的力气呢……你不是连腿都没有嘛……就连移动你都费劲吧。"

"我可以把你带到很远很远的地方去哦。"蛇说着就把自己缠绕在小王子的脚踝上，看上去就像一个金色的脚链。

"只要是我碰触过的人，无论是谁我都会把他送去老家。"蛇说道："但是你很单纯。你是从星星上来的……"

小王子什么也没有说。

"你好可怜。你在这个地球上，如此弱小，还孤单一人。如果哪一天你想念自己的星球了，我或许能帮到你呢。我是可以做到的……"

"是嘛！我明白了。"小王子说："但是你说话为什么总像猜谜语一样？"

"我会帮你解答所有的谜团的。"接着他们俩都沉默了。

■ 费劲 大変、手間がかかる　■ 缠绕 巻きつく　■ 脚踝 足首　■ 脚链 ブレスレット　■ 可怜 可哀想　■ 想念 恋しい　■ 沉默 黙り込む

「だがおれは王さまの指よりもずっと力があるんだぜ」ヘビが言った。

小さな王子さまは微笑んだ。

「どうやってそんな力が持てるの……、足さえないじゃないか……動くのだって大変だろう」

「きみをうんと遠くへ連れて行くことができるぜ」ヘビはそう言って、金色のブレスレットのように、小さな王子さまの足首に巻きついた。

「おれは、触れるものはだれでも、もとの土へと送り返すのさ」ヘビは言った。「だがあんたは純粋だ。星から来たんだ……」

小さな王子さまは何も言わなかった。

「あんたが可哀想だ。この地球で、こんなに弱くて、ひとりぼっちで。いつか自分の惑星が恋しくて仕方なくなったら、助けてやれるかもしれないぜ。おれにはできるんだ……」

「そうか！　わかったよ」小さな王子さまは言った。「でもきみはどうして謎めいたことばかり言うの？」

「おれはすべての謎を解くのさ」そうして二人とも、黙りこんだ。

 第十八章

　　小王子穿越了沙漠。除了一朵花以外，他没有遇到任何人。而且这朵花只有三片花瓣，很难说有多好看。

　　"你好。"小王子说道。

　　"你好。"那朵花答道。

　　"你看到过人吗？"小王子问道。

　　花曾经有一次看到过路过的旅行者。

　　"人？我见到过几个。大概有六七个人吧。好几年前的事了。但是他们现在在哪儿我就不知道了。旅行者们被风一吹，有的去了那边，有的去了这边。因为他们没有根。他们一定挺不容易的。"

　　"再见。"小王子说道。

　　"再见。"花答道。

■穿越 横切る　■花瓣 花びら　■路过 通り過ぎる　■旅行者 旅人

第18章

　小さな王子さまは、砂漠を横切った。一本の花以外、だれにも会わなかった。それも、花びらが3枚しかない、もうしわけ程度の花だった。

　「こんにちは」小さな王子さまは言った。

　「こんにちは」花が言った。

　「人を見たかい？」小さな王子さまがたずねた。

　花は、一度、旅人たちが通り過ぎるのを見かけたことがあった。

　「人？　何人か見かけたわ。確か6人か7人だった。何年も前よ。でも今どこにいるのかは知らないわ。旅人たちは風に吹かれて、あっちへ行ったり、こっちへ行ったりするのよ。彼らには根がないからなの。それって、大変に違いないわね」

　「さようなら」小さな王子さまは言った。

　「さようなら」花も言った。

 第十九章

　　小王子登上了一座高山。过去他所见过的山，就只有他星球上的那三座火山而已，而它们都只有自己的膝盖那么高。他曾经把那座休眠火山拿来当椅子用。

　　"如果从这么高的山上一眼望去，肯定可以看到整个地球，以及住在地球上的所有人。"小王子自言自语道。但是他看到的，就只有随处可见的岩石和其他的几座山脉。

　　"你好啊"他试着喊了一声。
　　"你好啊……你好啊……你好啊……"山间的回声答道。

　　"你是谁？"小王子问道。
　　"你是谁……你是谁……你是谁……"那回声又答道。

■膝盖 膝　■山间的回声 山びこ

第19章

　小さな王子さまは高い山に登った。今まで知っていた山は、王子さまの星
にある三つの火山だけで、膝までの高さしかなかった。休火山を椅子代わり
に使ったものだった。
　「こんな高い山からなら、地球全体と、住んでいる人
みんなが見えるに違いない」小さな王子さまはつぶや
いた。でも見えたのは、いくつもの岩とほかの
山々だけだった。
　「こんにちは」呼んでみた。
　「こんにちは……こんにちは……こんにちは……」
山びこが答えた。
　「きみはだれだい？」小さな王子さまがたずねた。
　「きみはだれだい……きみはだれだい……
きみはだれだい……」
山びこが答える。

"做我的朋友吧。我一个人很孤单。"小王子说道。

"我一个人很孤单……我一个人很孤单……我一个人很孤单。"山间的回声答道。

"这个星球真是太奇怪了。"小王子想:"这里很干燥,到处都是山。而且这里的人都很没意思。我无论说什么他们都只会不断重复。我那里却生长着鲜花。她总是自己先开口说话……"

 第二十章

过了很长时间,小王子终于找到了一条路。所有的路都通往人住的地方。

"你好。"小王子说道。他来到了一个玫瑰园。

"你好。"玫瑰花们答道。

■奇怪 へんてこ　■重复 繰り返す　■路 道　■玫瑰园 バラ園

「友達になってよ。ぼくはひとりぼっちなんだ」小さな王子さまが言った。

「ひとりぼっちなんだ……ひとりぼっちなんだ……ひとりぼっちなんだ……」山びこが答えた。

「何てへんてこな惑星なんだ」小さな王子さまは思った。「乾いていて、山ばっかりだ。それにここの人たちはあまり面白くないな。こちらの言ったことを何でも繰り返すんだもの。ぼくのところには花がいた。いつも先に話しかけてくれる花が……」

第２０章

長いことしてから、小さな王子さまは一本の道を見つけた。道というものは、すべての人たちのところにつながっている。

「こんにちは」小さな王子さまは言った。バラ園に来ていたのだ。

「こんにちは」バラの花たちも言った。

小王子仔细地端详着她们。她们长得和自己的花一模一样。

"你们是谁？"小王子吃惊地问道。

"我们是玫瑰花啊。"玫瑰花说道。

"诶！"小王子说道。

他感觉有一阵悲伤在胸口涌动。小王子的花曾对他说自己是无法被替代的，世界上独一无二的花。可仅仅在这一座花园里就有五千朵和她一模一样的花！

"我的花如果看到了这一幕，一定会很恼火吧。"小王子在心中想："她一定会为了不被人耻笑而不停地咳嗽，甚至是装死吧。而且我还必须装出一副相信她的样子。因为如果不这样做，她可能真的会死去也说不定……"

接着他自言自语道："我曾经以为自己很幸运。我以为自己拥有一朵特别的花，然而事实上她只是一朵普通的玫瑰。就连那三座火山也是一样，不但都非常小，还有一座在休眠。如果是这样的话，我哪里有资格被叫做王子呢……"于是小王子哭了，他一直哭，哭得伤心欲绝。

■ 一模一样 そっくり　■ 无法被替代 かけがえのない　■ 独一无二 一つしかない、唯一無二
■ 耻笑 笑われる、嘲笑される　■ 装死 死にかけているふりをする

　小さな王子さまは、じっと見つめた。自分の花とそっくりだ。

　「きみたち、だれ？」ショックを受けて、小さな王子さまは聞いた。

　「私たち、バラよ」とバラたちは言った。

　「ええっ！」小さな王子さまは言った。

　悲しみで胸をしめつけられた。王子さまの花は、自分はかけがえのない、世界で一つしかない花だと言っていた。それがここでは、似たような花がたった一つの庭に5000本も咲いているのだ！

　「ぼくの花がこれを見たら、とても機嫌をわるくするだろうな」小さな王子さまは心の中で思った。「笑われないように咳をして、死にかけているふりをするだろうな。そしてぼくは、花を信じているふりをしなければ。さもないと、本当に死んでしまいかねないからね……」

　それから独り言を言った。「ぼくは恵まれてると思ってた。特別な花を持ってると思ってたけど、実際にはありきたりのバラでしかなかったんだ。三つの火山だって、とても小さくて、一つは眠ってる。これじゃあ、王子さまなんかじゃないよ……」そして泣いて、泣いて、泣きとおした。

覚えておきたい中国語表現

> "你怎么会有那么大的力气呢……你不是连腿都没有嘛……就连移动你都费劲吧。"(p.134, 3-4行目)
>
> 「どうやってそんな力が持てるの……、足さえないじゃないか……動くのだって大変だろう」

【解説】「…さえ」「…すら」という最低条件の意味を表す場合、"连……都……"は便利な表現です。"连"の直後にまず比較する対象（移動すること、京都、基本的なルールなど）を述べて、それから"都"の後にその対象に関わる事柄・評価（大変だ、行ったことがない、知らない、など）を述べます。

【例文】

① 你连京都都没有去过，怎么能说是精通日本历史呢。

　京都にも行ったことがないのに、よく日本史に詳しいと言えるもんだ。

　＊この例文が示すように、最低条件を満たしていないことを言ってから、それに対する更なる評価（日本史に詳しいと言えない）を行う場合もあります。

② 她在这个行业都干了十多年了，竟然连基本的行规都不清楚。

　彼女は10年以上この業界にいるが、商売の基本的なルールさえ知らないというのだから驚きだ。

③ 他连简单的程序都不会写。

　彼は簡単なプログラムすら書けないよ。

> "只要是我碰触过的人，无论是谁我都会把他送去老家。"(p.134, 7行目)
>
> 「おれは、触れるものはだれでも、もとの土へと送り返すのさ」

【解説】"无论（不管）……都……"はいかなる条件の下でも例外なく同じ結果になるという意味を表すときに使われる表現です。また、例文③と④のように、「V＋不＋V」の反復型と「X＋还是＋Y」の選択型を使って強調する場合もあります。

【例文】

① 他无论如何都想记住这句话。（p.158，下から2-1行目）

どうしても憶えておきたかったのだ。

② 只要是他想办到的事，无论有多困难最后都能成。

彼がやろうとすることなら、どんなに困難でも、最後には必ず実現できる。

③ 不管你参加不参加，都请尽快告诉我。

参加されようかされまいか、早めにお知らせください。

④ 无论对手是弱还是强，这场比赛都要认真准备。

相手が弱かろうが強かろうが、真剣に準備すべき試合です。

旅行者们被风一吹，有的去了那边，有的去了这边。
（p.136，下から4-3行目）

旅人たちは風に吹かれて、あっちへ行ったり、こっちへ行ったりするのよ。

【解説】「…もあれば、…もある」または「…したり、…したりする」という意味を表す場合、"有的（有一些）……有的（有一些）……"は使いやすい表現です。"这边/那边""空的/满的"のように正反対の2つの物事・評価を並べることもできれば、"香辣爽口/鲜嫩多汁（例文②）"のように様々な側面から評価を与えることもできます。

【例文】

① 酒鬼的面前有好多瓶子。有一些是空的，也有一些是满的。（p.92，1-2行目）

のんべえの前にはたくさんの瓶があった。空のものもあれば、いっぱいのものもある。

② 我吃过各式各样的中国菜，有的香辣爽口，有的鲜嫩多汁。

辛くてさっぱりしたもの、柔らかくてジューシーなもの、いろいろな中華料理を食べてきた。

小王子的花曾对他说自己是无法被替代的，世界上独一无二的花。
（p.142，5-6行目）

王子さまの花は、自分はかけがえのない、世界で一つしかない花だと言っていた。

【解説】自分にとって相手が唯一であることを言いたい場合、"无法（被）替代（かけがえ

のない）" "独一无二（唯一無二）" はとても使いやすい言葉です。どんな言語や文化でも
これらの表現は必ず存在すると思います。家族や友達、恋人は私たちにとって常にか
けがえのない存在で、感謝すべき相手だからです。

【例文】

① 随着AI技术的迅猛发展，已经没有什么工作是无法替代的了。
    AI技術の急速な発展により、もはや代替できない仕事はない。

② 我们在这个世界上都是独一无二的，没必要跟人比来比去的。
    私たちはこの世界で唯一無二の存在であり、他人と比べる必要はない。

第六部

第二十一章－第二十四章

第二十一章

　　正好在这时，出现了一只狐狸。

　　"你好。"狐狸说道。

　　"你好。"小王子答道。他转过头去，却没有看见任何人。

　　"在这儿呢。"声音是从苹果树下传来的。

　　"你是谁？"小王子说道："好漂亮啊，你长得。"

　　"我是一只狐狸。"狐狸说道。

　　"过来啊。和我一起玩吧。"小王子说道："我很伤心。"

　　"我不能和你一起玩。"狐狸答道："因为我和你还不够亲近。"

　　"啊！对不起啊。"小王子说道。他想了一会儿，接着说道："'亲近'是什么意思？"

■狐狸 キツネ　■转过头去 振り向く　■苹果树 りんごの木　■玩 遊ぶ

第21章

　ちょうどその時、キツネが現れた。

　「こんにちは」キツネは言った。

　「こんにちは」小さな王子さまは答えた。振り向いたのだが、だれも目に入らなかった。

　「ここだよ」りんごの木の下から声がした。

　「きみはだれだい？」小さな王子さまは言った。「きれいだね、きみ」

　「ぼくはキツネだよ」キツネは言った。

　「おいで。ぼくと遊ぼう」小さな王子さまは言った。「ぼく、とても悲しいんだ」

　「きみとは遊べないよ」キツネは答えた。「なついてないから」

　「ああ！　ごめんね」小さな王子さまは言った。少し考えてから、付け足した。「『なつく』って、どういうこと？」

"你不是这里的人啊。"狐狸说道:"你在这里做什么?"

"我在寻找哪里有人呢。"小王子说道:"'亲近'是什么意思?"

"人类有枪。他们会打猎。"狐狸说道:"真是给我添麻烦。而且他们还养鸡。人类就只会做那些事。你在寻找鸡的下落吗?"

"不是的。"小王子说道:"我在找朋友呢。'亲近'是指的什么?"

"这个词总是被人忘记。"狐狸说:"'亲近'就是'建立纽带或者羁绊'的意思啊。现在,你对于我来说就和其他的几千个孩子一样,只是一个普通的男孩子。我不需要你,你也不需要我。对于你来说,我也和其他几千只狐狸一样,只是一只看上去并没有什么不同的狐狸而已。但是如果我和你变得亲近的话,我们就会彼此需要。对于我来说你就会成为那个无可替代,独一无二的存在。你就会变得和世界上其他任何人都不同。而且我对于你来说也会变得无可替代……"

"我感觉自己好像明白了什么。"小王子说:"从前,有一朵花……而那朵花俘获了我的心……"

"那是有可能的。"狐狸说:"在地球上有很多事都是可能的。"

"但是!那不是在地球上发生的事。"小王子说道。狐狸好奇地望着小王子。

"那是在别的星球上发生的事咯?"

"对啊。"

■枪 銃　■打猎 狩り　■添麻烦 迷惑をかける　■养鸡 ニワトリを育てる　■纽带 つながり　■羁绊 きずな　■俘获 とりこにする

「きみ、ここの人じゃないんだね」キツネは言った。「ここで何してるの？」

「人間たちを探しているんだよ」小さな王子さまは言った。「『なつく』って、どういうこと？」

「人間は銃を持ってる。狩りをするんだ」キツネは言った。「まったく迷惑だよ。それからニワトリも育てるんだ。人間がするのはそれだけさ。きみ、ニワトリを探してるのかい？」

「ううん」小さな王子さまは言った。「ぼくは友達を探してるんだ。『なつく』ってなんのこと？」

「あまりにも忘れられてしまったことさ」キツネは言った。「『なつく』って、『つながりやきずなをつくる』ことだよ。今、きみはぼくにとって他の何千もの子と同じ、ただの男の子でしかない。ぼくはきみを必要としないし、きみもぼくを必要としない。きみにとってぼくは他の何千というキツネと同じ、代わり映えしないただのキツネだ。でもきみにぼくがなついたら、ぼくたちはお互いが必要になるんだ。ぼくにとってきみはかけがえのない、たったひとりの存在になる。きみは世界中の他のだれとも違う存在になる。そしてぼくはきみにとってかけがえのないものになるんだ……」

「ぼく、わかりかけてきたような気がするよ」小さな王子さまは言った。「昔、花がいて……その花がぼくをとりこにしたと思ったんだ……」

「ありうることだな」キツネは言った。「地球ではいろんなことが可能なんだ」

「ああ！ 地球で起きたんじゃないよ」小さな王子さまは言った。キツネは面白そうに王子さまをながめた。

「違う惑星で起きたのかい？」

「そうだよ」

"在那个星球上有猎人吗？"

"没有。"

"真有意思！那有鸡吗？"

"没有。"

"看来没有十全十美的事啊。"狐狸叹息着说道。

狐狸紧接着又说："我的生活很简单。我猎杀鸡，人猎杀我。在我看来鸡都长得一样，人也都长得一样。所以我感觉很无聊。但是如果你能让我和你变得亲近，我的生命就会充满阳光。如果听见别人的脚步声，我就会跑去躲起来。但是如果是你的脚步声，就会听上去跟音乐一样。我会跑出来和你打招呼。嘿，你看啊！你能看见对面的麦田吧？因为我不吃面包，所以麦子对我来说没有吸引力。我看见麦子什么也不会想。那是一件很悲哀的事啊。但是你的头发是金色的。如果你让我敞开心扉让我得以亲近你，你金色的头发就会让我陶醉！我看到金色的麦子，就会想到你。而且，我还会陶醉于听麦田间摇曳的风声……"

狐狸这时突然陷入了沉默，很长时间他都一直凝视着小王子。

终于狐狸开口说道："拜托你了……让我亲近你吧！"

"我也很想这样做呢。"小王子回答说："但是，我没有时间。我还得交很多朋友，还有很多东西等着我去了解。"

■ 猎人 猟師　■ 充满阳光 お日さまでいっぱいになる　■ 脚步声 足音　■ 躲起来 隠れる
■ 音乐 音楽　■ 麦田 麦畑　■ 面包 パン　■ 敞开心扉 心を開く

「その惑星には猟師がいるかい？」
「いいや」
「面白いなあ！ ニワトリはいるかい？」
「いいや」
「完ぺきなものはないんだな」キツネはため息をついた。

　キツネはまた話し始めた。「ぼくの生活は単調さ。ぼくはニワトリを狩る、人はぼくを狩る。ニワトリはどれも同じに見えるし、人も同じに見える。だから、退屈するんだな。でも、もしきみがぼくをなつかせてくれたら、ぼくの人生はお日さまでいっぱいになるよ。ほかの人間の足音が聞こえたら、ぼくは走って隠れるさ。でもきみの足音なら、音楽みたいに聞こえるよ。ぼくは出てきてきみに挨拶する。ほら、ごらんよ！　向こうに麦畑が見えるだろう？　ぼくはパンを食べないから、麦なんてどうでもいいんだ。麦を見ても、何も思わない。それって悲しいことだよ。でもきみの髪は金色だ。そのきみが、ぼくの心を開いてなつかせてくれたら、すてきだろうなあ！　金色の麦を見たら、ぼくはきみのことを思うよ。そして、麦のあいだに揺れる風の音に聞きほれるんだ……」

　キツネはふと黙ると、長いこと小さな王子さまを見つめた。
　ついにキツネは言った。「頼むよ……ぼくをなつかせて！」
　「ぼくもとってもそうしたいよ」小さな王子さまは答えた。「だけど、時間がないんだ。友達をつくらなきゃいけないし、知らなきゃいけないこともたくさんある」

小王子

"我们只会对亲近的东西和建立了羁绊的东西有真正的了解。"狐狸说:"人类实在是太忙了,他们不可能真正了解什么东西。他们去商店里,购买现成的东西。但是没有哪个商店能购买朋友,所以他们也不会有朋友。你如果真想要朋友的话,就来敲开我的心门吧!"

"我要怎么做呢?"小王子问道。

"你必须得非常耐心才行。"狐狸说道:"首先,你要坐在距离我很远的草丛中。我会小心翼翼地观察你。你一句话也不要说。因为误解都是因为说话而产生的。但是你每天都可以在越来越靠近我的地方坐下……"

第二天,小王子回到了狐狸的身边。

"你应该每天都在同一个时间回来。"狐狸说:"如果你总是在下午四点过来,我从三点左右开始就会变得很兴奋。越是快到四点钟,我就会变得越兴奋。真到了四点钟,我就会兴奋到天上去。那时我就会体验到真正的幸福感!但是如果你每天都在不同的时间过来,我就没办法知道要什么时候开始准备变得兴奋……我们需要一种仪式。"

"仪式是什么?"小王子问道。

"这件事也经常被人们忘记。"狐狸说:"仪式就是将某一天与其他的日子区别开,将其中的一个小时与其他时间区别开。比如说,猎杀我的猎人们就有一种仪式。他们每周四都会去和村里的姑娘们跳舞。所以,每周四都像天堂一样!我可以去任何地方散步。但是如果猎人们总是跳舞的话,每天都和其他日子一样,我就没办法给自己放假了。"

■ 商店 店 ■ 购买 買う、購入する ■ 现成的东西 できあがったもの ■ 耐心 辛抱強い ■ 小心翼翼 注意深い ■ 仪式 ならわし ■ 姑娘 娘、乙女 ■ 天堂 天国

「ぼくたちは、なつかせたもの、きずなを結んだものしか、本当に知ることはできないんだよ」キツネは言った。「人間たちは時間がなくなりすぎて、本当のことを何も知ることができないでいる。店に行って、できあがったものを買う。でも友達を買える店はないから、もう友達もいないんだ。友達がほしいなら、ぼくの心を開かせておくれ！」

「どうすればいいの？」小さな王子さまはたずねた。

「うんと辛抱強くあることだな」キツネは言った。「まず、ぼくからかなり離れて草の中にすわるんだよ。ぼくはきみを注意深く観察する。きみは一言も言わない。誤解っていうものはぜんぶ、話すことで起こるんだからね。でもきみは毎日、少しずつぼくの近くにすわれるようになる……」

翌日、小さな王子さまは戻ってきた。

「毎日、同じ時間に戻ってきたほうがいいね」キツネが言った。「きみがいつも昼の4時に来たら、ぼくは3時ごろから嬉しくなるよ。4時に近づけば近づくほど、嬉しくなるんだ。4時になったら、ぼくはもう有頂天になってるだろう。幸せとはどんなものかを知るんだ！　でもきみが毎日違う時間に来たら、嬉しくなる準備をいつ始めていいのかわからないよ……。ならわしがいるんだ」

「ならわしってなんだい？」小さな王子さまがたずねた。

「これも、あまりにもたくさんの人が忘れてることさ」キツネは言った。「ならわしっていうのは、一日がほかの日と、一時間がほかの時間と違うようにすることさ。たとえば、ぼくを狩る猟師たちにもならわしがある。毎週木曜日には村の娘たちと踊りに行くんだ。だから、木曜日は毎週、天国さ！ぼくはどこでも散歩できる。でももし猟師たちがいつも踊ってたら、毎日は他の日と同じで、ぼくは休日なんか取れなくなっちゃうよ」

就这样，小王子和狐狸变得亲近起来。终于到了小王子要出发的日子，狐狸说：

"啊！我要哭了……"

"都怪你。"小王子说："我原本并不想伤害你。但是你一定要让我亲近你……"

"确实如此。"狐狸说。

"但是我还是忍不住想哭啊！"

"确实如此。"

"既然如此，那对你有什么好处呢？你为什么要这样做呢？理由是什么？"小王子问他。

"理由藏在麦子的金黄色里。"狐狸回答说。

他又补充说道：

"你可以先回去看看玫瑰园。你会明白你的那朵玫瑰是无可替代的。之后你再回来和我道别吧。到那时我会告诉你一个秘密。那是我送给你的礼物。"

■ 出发 出発する　■ 伤害 傷つける　■ 好处 いいこと、メリット　■ 道別 さよならを言う
■ 礼物 贈り物

　こうして、小さな王子さまはキツネをなつかせた。やがて王子さまの出発するときが来て、キツネは言った。

　「ああ！　ぼくは泣くよ……」

　「きみのせいなんだよ」小さな王子さまは答えた。「きみを傷つけたくなかったんだ。でもきみが、なつかせてって言ったから……」

　「もちろんさ」キツネは言った。

　「でも泣くんじゃないか！」

　「もちろん」

　「だったら、きみには何のいいことがあるんだい？　どうしてこんなことをしたの？　どんな理由で？」小さな王子さまはたずねた。

　「理由は、麦の金色にある」キツネは答えた。

　そして付けくわえた。

　「戻っていって、バラ園を見てきたらいい。きみのバラがかけがえのないものだってわかるから。それからぼくにさよならを言いに来て。そうしたらきみに秘密を教えてあげよう。それがぼくからの贈り物だ」

小王子

小王子回到了玫瑰园，看了看那些玫瑰花。

"你们和我的玫瑰长得一点都不像。根本没办法和她相提并论。"小王子对玫瑰们说："你们从未亲近过任何人，而且也从未有人亲近过你们。我的狐狸从前和你们一样。他和其他的上千只狐狸一样只是一只普通的狐狸。但是自从我和他成为朋友之后，如今，在这个世界上没有一只狐狸和他看上去是一样的。"

玫瑰们不高兴了。

"你们很漂亮，但是很空虚。"小王子对玫瑰们说："谁也不会为了你们而死。当然对于普通人来说，我的玫瑰和你们看上去都一样吧。但是我明白，我的玫瑰比你们加在一起都要重要。毕竟，我一直珍爱着的就是这朵玫瑰了。把她放在罩子里，帮她御寒，给她除灭毛虫（除了留下两三只为了让它们变成蝴蝶以外），都是我为了她才做的。和我聊天，和我一起安静坐着的也只有她。因为她是我的玫瑰。"

然后小王子回到了狐狸的身边。

"永别了。"小王子说道。

"永别了。"狐狸说："我告诉你一个秘密吧。这个秘密很简单。我们如果不用心去看，就什么也看不清。最重要的东西是没法用眼睛看到的。"

"最重要的东西没法用眼睛看到。"小王子重复了一遍。他无论如何都想记住这句话。

■相提并论 くらべものにならない ■空虚 空っぽ ■御寒 寒さから守る ■无论如何 どうしても

　小さな王子さまは戻っていって、バラ園のバラを見た。

　「きみたちは、ちっともぼくのバラに似てないね。くらべものにならない
よ」王子さまはバラたちに言った。「だれも、きみたちをなつかせたことは
なかったし、きみたちも、だれもなつかせたことがないんだ。ぼくのキツネ
は、昔はきみたちのようだった。ほかの何千のキツネと同じただのキツネだ
った。でもぼくがキツネを友達にしたから、今じゃ、世界中で彼みたいなキ
ツネは他にいないんだ」

　バラたちは気をわるくした。

　「きみたちは美しいよ、でも空っぽだ」小さな王子さまはバラたちに言っ
た。「だれもきみたちのためには死なないよ。もちろん普通の人には、ぼく
のバラもきみたちと同じように見えるだろうね。でもぼくは、きみたちぜん
ぶよりも、ぼくのバラが大切だってわかってるよ。だって、ぼくが大切にし
てきたのは、このバラなんだからね。ぼくがケースをかぶせ、寒さから守っ
てやり、毛虫を(蝶になるように残した２、３匹以外は)やっつけてあげたの
は、このバラのためなんだ。ぼくとおしゃべりをして、ぼくと静かにいたの
はこのバラなんだ。ぼくのバラだからだ」

　そして小さな王子さまはキツネのところに戻った。

　「さよなら」小さな王子さまは言った。

　「さよなら」キツネも言った。「ぼくの秘密を教えてあげるよ。とっても簡
単なことなんだ。ぼくたちは、心の目で見ない限り、何もはっきりと見えな
いんだ。一番大切なものは、目に見えないんだよ」

　「一番大切なものは、目に見えない」小さな王子さまは繰り返した。どうし
ても憶えておきたかったのだ。

"你为玫瑰所付出的时间，正是那些时间让玫瑰变得如此重要。"

"我为玫瑰所付出的时间……"小王子重复了一遍。他想记住这句话。

"人们都忘记了这个事实。"狐狸说："但是你不能忘记。你对那些亲近你的人，对你敞开心扉的人，永远都负有责任。你对你的玫瑰是有责任的……"

"我对我的玫瑰是有责任的……"小王子又重复了一遍。他想记住这句话。

 第二十二章

"早上好。"小王子说道。

"早上好。"火车的扳道工说道。

"你在这里做什么？"小王子问他。

"我把旅客发送到各个方向。一次可以发送好几千人呢。"负责在铁道上切换线路的扳道工说："我负责改变运送旅客的列车的方向。有的列车向右行驶，有的列车向左行驶。"

就在这时，一列灯火通明的特快列车疾驰而过。它发出雷鸣般的声响，把扳道工的小屋震得左右摇晃。

■对～负有责任 ～に責任がある　■扳道工 信号手　■切换 切りかえる　■雷鸣般的声响 雷みたいな音

「きみがバラのために費やした時間、それがバラをこんなに大切にしたんだ」

「ぼくがバラのために費やした時間……」小さな王子さまは繰り返した。これを憶えておきたかったからだ。

「人は、この真実を忘れてしまった」キツネは言った。「でもきみは忘れちゃいけない。きみは、なつかせたもの、心を開かせた相手には、永久に責任があるんだ。きみのバラに、責任がある……」

「ぼくはバラに責任がある……」小さな王子さまは繰り返した。憶えておきたかったから。

第22章

「おはよう」小さな王子さまは言った。

「おはよう」列車の信号手は言った。

「ここで何をしてるの？」小さな王子さまはたずねた。

「旅行者をあちこちに移動させるのさ。一度に何千人も動かすんだよ」線路のポイントを切りかえる信号手は言った。「旅行者の乗った列車を動かすんだ。右へ行く列車もあるし、左へ行く列車もある」

その時、明かりを一杯つけた特急列車が走り去った。雷みたいな音をとどろかせながら、信号手の小屋を震わせていった。

小王子

"那些人很着急啊。"小王子说:"他们都在找什么呢?"

"那个嘛,就连火车司机也不知道。"扳道工回答说。
又一列火车飞驰而过。这次是朝向相反的方向。
"那些人这就回去了吗?"小王子问道。
"他们不是同一伙人啦。"扳道工说:"他们是去相反的方向。"
"是因为他们在原来的地方不快乐吗?"
"没有人会满足于待在原地。"扳道工答道。
第三列火车飞驰而过。
"那些人是想要追上第一列火车的旅客吗?"小王子问道。

"他们并没有想要做什么。"扳道工答道:"他们不是在火车里睡觉,就是打哈欠。会把脸贴在窗户上的也只有孩子们了。"

"看来只有孩子们才明白自己在寻找什么啊。"小王子说:"孩子们花时间照顾玩偶,于是玩偶就会变得很重要。所以当他们的玩偶被抢走时,他们就会哭……"

"那些孩子是很幸运的。"扳道工说道。

★

■着急 急ぐ ■司机 運転士 ■追上 追いつく ■窗户 窓 ■玩偶 人形 ■照顾 世話をやく ■抢走 取り上げる

「あの人たち、急いでるんだね」小さな王子さまは言った。「みんな、何を探してるの？」

「それは、列車の運転士も知らないんだよ」信号手は答えた。

2台目の列車が、急いで通り過ぎた。今度は反対方向へ進んでいった。

「あの人たち、もう帰っていくの？」小さな王子さまはたずねた。

「同じ人たちじゃないよ」信号手は言った。「あれは、すれ違ったんだ」

「自分のいた所で幸せじゃなかったから？」

「自分のいる場所で満足する人はいないね」信号手は答えた。

3台目の列車が通り過ぎた。

「あの人たち、1台目の旅行者に追いつこうとしてるの？」小さな王子さまはたずねた。

「何もしようとしてないよ」信号手は答えた。「列車の中では寝るか、あくびするかなのさ。窓に顔を押し付けているのは子どもたちだけだよ」

「子どもたちだけが、何をさがしているのかわかっているんだね」小さな王子さまは言った。「子どもたちは、時間をかけて人形の世話をやく、そうすると、その人形がとても大切になる。だからもしその人形を取り上げられたら、泣くんだ……」

「その子たちはラッキーなのさ」信号手は言った。

第二十三章

"早上好。"小王子说道。

"早上好。"推销员说道。

这个推销员售卖一种特殊的药片。吃了这种药，就不会再感觉到口渴。每周吃一片的话，完全不喝水也没有关系。

"你为什么卖这种药片呢？"小王子问道。

"因为可以节省大量的时间啊。"推销员说："科学家们都计算过了。吃这种药片每周可以节省五十三分钟。"

"那五十三分钟拿来干什么呢？"

"什么都行，只要是想干的事……"

"如果我有五十三分钟的话，我宁可慢慢地走去有清澈水源的井边。"小王子嘟囔道。

■售卖 売る、販売する　■药片 錠剤　■喝水 水を飲む　■节省时间 時間を節約する

第２３章

「おはよう」小さな王子さまは言った。

「おはよう」セールスマンは言った。

このセールスマンは、特殊な錠剤を売っていた。これを飲むと、のどの渇きを感じなくなる。毎週、一錠ずつ飲めば、水を全く飲まなくてもいいのだ。

「どうしてこの錠剤を売ってるの？」小さな王子さまはたずねた。

「ものすごく時間が節約できるからさ」セールスマンは言った。「科学者たちが計算したんだ。この錠剤で、毎週53分の節約になる」

「その53分で何をするの？」

「何でも、やりたいことをやるのさ……」

「もし53分あったら、ぼくなら、きれいな水の出る井戸にゆっくりと歩いていくけどなあ」小さな王子さまはつぶやいた。

第二十四章

距离我的飞机坠毁已经过去八天了。我一边听着小王子讲推销员的故事,一边喝光了剩下的最后一滴水。

"啊!"我对小王子说:"你的回忆真的让人很感兴趣。但是我还没能修好飞机。水也没有了。如果能慢慢走到一口有淡水的井边,那我才能真正高兴起来吧。"

"我的狐狸朋友曾经说过……"

"别说了,这跟狐狸没有任何关系!"

"为什么?"

"为什么?因为我们都快要被渴死了……"

小王子不是很明白。他接着说:"即使是要死了,我们曾经培养了友谊也是好的。能和狐狸成为朋友真的让我很开心……"

"小王子没有明白当前的危险。"我在心里想:"他从来不会感到肚子饿,也不会感到口渴。只要有一点阳光他就能活下去……"

然而,小王子看向我这边,认真地回答了我心中所想。

"我也口渴了……我们去寻找能喝到淡水的井吧……"

■坠毁 墜落する　■淡水 真水　■友谊 友情

第24章

　ぼくの飛行機が墜落してから8日たった。小さな王子さまがセールスマンの話をするのを聞きながら、ぼくは残った水の最後の一滴を飲んだ。

　「ああ！」ぼくは小さな王子さまに言った。「きみの思い出話にはとても興味を引かれるよ。でも飛行機は修理できてない。水も、もうない。真水の出る井戸へゆっくりと歩いていけたら、ぼくはそれこそ嬉しいだろうよ！」

　「ぼくの友達のキツネが言ったことには……」

　「でもきみ、キツネとは全く関係ないんだ！」

　「なぜ？」

　「なぜって、ぼくらはのどが渇いて死んでしまうからさ……」

　王子さまにはわからなかった。そして言った。「もし死ぬとしても、友情を培っておいたのはいいことだよ。ぼくは、キツネと友達になったこと、本当に嬉しいよ……」

　「王子さまは、この危険がわかっていない」ぼくは心の中で思った。「腹が減ったり、のどが渇いたりということがないんだ。お日さまがほんの少しあれば、生きていけるんだ……」

　しかし、王子さまはこちらを見て、ぼくの思っていることにちゃんと答えた。

　「ぼくものどが渇いたよ……。真水の出る井戸を探しに行こう……」

小王子

　　我感觉到疲惫。我认为在沙漠中寻找水井是一件很荒唐的事。这个沙漠一望无际。我完全想不到要从哪里开始寻找才好。即便如此，我们还是开始了徒步行走。

　　有好几个小时，我们只是一味地走着，一句话也没有说。到了晚上，星星出来了。我实在是太渴了，感觉非常糟糕。任何东西都感觉像是在梦境里一般。小王子说的话不停地在我的脑海里回荡。

　　"这么说，你也感到口渴了？"我问他。
　　但是小王子没有回答。只是说了这样一句话。
　　"水对于我们的内心也是有好处的……"
　　我没有明白他的话。尽管如此，我也没有问他是什么意思……因为我知道没有那个必要。
　　小王子累了，一屁股坐下。我也在他的身旁坐下。过了一会儿，小王子说道：
　　"星星真漂亮。因为在某个从这里看不到的地方有一朵花在盛开……"
　　"你说得对。"我一边答道，一边凝视着被月光照亮的起伏的沙丘。
　　"沙漠真美丽。"小王子说道。
　　的确如此。我一直很喜爱沙漠。在沙漠里，我会坐在沙子上。什么也看不见。什么也听不见。但是，有一种说不出来的美充盈着寂静……
　　"沙漠真美丽。"小王子说道："因为在某个地方藏着一口水井。"

■ 照亮 照らす　　■ 寂静 静寂　　■ 藏 隠す

　ぼくは疲れを感じた。砂漠の中で、井戸を探すなんてばかばかしいと思った。この砂漠は巨大だ。どこから探せばいいのか見当もつかない。でもとにかく、ぼくらは歩き始めた。

　何時間も、ぼくらはただ歩いて、一言もしゃべらなかった。夜になって、星が出た。ぼくはあんまりのどが渇いて、気分がわるくなった。何もかもが夢の中のできごとのようだ。小さな王子さまの言葉が、ぼくの頭のなかで踊る。

　「じゃ、きみものどが渇いてるんだね？」ぼくはたずねた。

　でも王子さまは答えなかった。ただ、こう言っただけだった。

　「水は心にもいいんだよ……」

　ぼくにはわからなかった。それでも、どういう意味かと聞いたりしなかった……。その必要がないことは、わかっていたから。

　王子さまは疲れて、すわり込んだ。ぼくも隣にすわった。しばらくして、王子さまが言った。

　「星はきれいだ。ここからは見えない花が、どこかで一輪咲いているからだね……」

　「そうだね」ぼくは言って、月に照らされた砂の起伏を見つめた。

　「砂漠は美しい」小さな王子さまが言った。

　そのとおりだった。ぼくはいつも砂漠を愛してきた。砂漠では、砂の上にすわるのだ。何も見えない。何も聞こえない。なのに、何か美しいものが静寂を満たすのだ……。

　「砂漠は美しい」小さな王子さまが言った。「どこかに井戸が隠されているから」

小王子

　　突然我明白了沙漠为何如此美丽。当我还是个孩子的时候，我住在一座很古老的房子里。我经常听人们说在那座房子里的某个地方藏着宝贝。当然，谁也没有找到过。应该也没有人认真地寻找过吧。即使这样，这个关于宝贝的传说还是充盈着那座房子，让它显得很美好。我家的房子在它无法窥探的内心深处藏着一个秘密……

　　"你说得对。"我对小王子说："我们正在谈论的东西和家，和星星，和沙漠都没有任何关系——让它们都变得美好的东西是没办法用眼睛看到的！"

　　"你和我的狐狸朋友有着一样的想法让我很高兴。"小王子说。

　　接着小王子就睡着了。我将他抱了起来。一边将他搂在怀里一边走。我感到一股暖流在胸中涌动。我感觉自己就像是在抱着一个易碎的宝贝。我觉得在这个世界上除了他就没有如此精致而易碎的东西了。借着月光，我凝视着他苍白的脸颊，闭着的眼睛和他随风静静摆动的头发。我在心里想："我现在所看到的，不过是外面的那层壳罢了。最珍贵的地方是无法用眼睛看到的……"

　　我看着他在睡梦中略带微笑的嘴唇，想道："小王子所拥有的对自己那朵花发自内心的爱充盈了我的内心。小王子的爱就像灯光一样，由里向外发散开去。就连他睡着的时候也十分耀眼……"于是，小王子显得更加脆弱了。我必须要守护这一束光。因为它可能仅仅会因为一阵微风而消失不见……

　　那天早晨，我找到了一口水井。

■宝贝 宝物　■传说 言い伝え　■充盈 満たす　■易碎 こわれやすい　■苍白 青白い　■嘴唇 唇　■微风 かすかな風

170

　突如としてぼくは、砂漠がなぜ美しいかを理解した。子どもだったころ、ぼくはとても古い家に住んでいた。その家のどこかに宝物が隠されているらしいとずっと言われてきた。もちろん、だれも見つけたものはいない。真剣に探した人もいなかったのだろう。それでも、この宝物の言い伝えが家を満たし、美しくした。ぼくの家は、見えない中心部の奥深く、秘密を隠していたのだ……。

　「そうだ」ぼくは小さな王子さまに言った。「ぼくらの話していることが家でも、星でも、砂漠でも関係ない——それらを美しくしているものは、目には見えないんだ！」

　「きみが、友達のキツネと同じことを考えていてくれてうれしいよ」王子さまは言った。

　そして、小さな王子さまは眠りに落ちた。ぼくは彼を抱き上げた。王子さまを抱きかかえて、歩いた。ぼくは胸がいっぱいだった。こわれそうな宝物を抱えている気がした。この地上で、これほど繊細でこわれやすいものはないような気がした。月明かりに、ぼくはその青白い顔や、閉じた眼、風にかすかに揺れる髪を見つめた。ぼくは心の中で思った。「今見ているのは、外側の、殻にすぎないんだ。一番大切な部分は目には見えないんだ……」

　眠りの中で、半分笑ったような王子さまの唇を見ながら、ぼくは思った。「小さな王子さまの持つ、自分の花への本物の愛が、ぼくの心を満たす。王子さまの愛は、ランプの光みたいに、彼の内側から光を放ってる。眠っているときでさえ輝いて……」そうすると、王子さまはなおいっそう、こわれやすいものに思えるのだった。この光は守らなければならない。ほんのかすかな風で消えてしまうかもしれないのだから……。

　その日の早朝、ぼくは井戸を見つけた。

現在，你对于我来说就和其他的几千个孩子一样，只是一个普通的男孩子。(p.150, 7-8行目)

今、きみはぼくにとって他の何千もの子と同じ、ただの男の子でしかない。

【解説】「Xにとって AはBだ」という意味を表す場合、"对于X（来说）A是B"は決まった言い方です。Xには人を表す名詞が入り、AとBには「現実世界に存在する人やもの」と「その人やものについての評価・イメージ」を表す名詞がそれぞれに入ります。

【例文】

① 金钱对于我来说就只是帮助我达成目标的工具而已。

　私にとってのお金は、目標を達成するためのツールに過ぎない。

　＊"只是"は「ただ…に過ぎない」という限定の意味を表す表現です。また、例文②の"就是"はこれとは違って、「まさに…だ」という意味を表します。

② 孩子们对于我来说就是上天赐予我最好的礼物。

　子どもたちは、私が神様からいただいた最高の贈り物です。

③ 对于这家公司来说，人才才是最重要的资源。

　この会社にとって、人材こそ最も重要な資源だ。

④ 对于这件事我很抱歉。

　この件に関して申し訳なく思います。

　＊"对于"の直後にものを表す名詞が来る場合、「～にとって」ではなく、「～に関して」という意味を表します。また、"抱歉"は、"对不起""不好意思"と同様に「すみません」という意味を表します。

"都怪你。"小王子说："我原本并不想伤害你。但是你一定要让我亲近你……"(p.156, 4-5行目)

「きみのせいなんだよ」小さな王子さまは答えた。「きみを傷つけたくなかったんだよ。でもきみが、なつかせてって言ったから……」

【解説】「全部あんたのせいだ！」と相手を激しく責めたい場合、"都怪你""都是你的错（例文①）"は使いやすい表現です（一生使わないことを願っておりますが）。ここでの

"怪你" の "怪" は「～のせい」という意味で、「油断一秒、怪我一生」のスローガンで有名になった言葉です（このスローガンをそのまま中国語として読み替えると、「油が一秒でも断つと、一生私のせいだ」というおかしな意味になります）。

【例文】

① 都是你的错。如果不是你我也不会变成现在这个样子。

全部あんたのせいだ。あんたがいなかったら、私はこのような羽目にはならなかっただろう。

＊ "错" はもともと「間違い」という意味ですが、ここでは転じて「～せいだ」という意味を表しています。

② 都是我不好。是我对不起你。

すべておれが悪いんだ。おれこそ申し訳ない。

＊相手に謝りたい場合は、"都是我不好/都是我的错" のように、"你（あなた）" を "我（わたし）" に差し替えれば意味ががらりと変わります。

③ 这件事不是你的错。责任在他。

この件は君のせいじゃない。あいつの責任だ。

④ 都怪我没把事情考虑周到。

よく考えずに行動した私が悪いんです。

＊ "都怪我" の後に責められるべき具体的な内容が来る場合があります。"考虑周到" は「物事を周到に考える」という意味です。

> "没有人会满足于待在原地。"扳道工答道。（p.162, 7行目）
> 「自分のいる場所で満足する人はいないね」信号手は答えた。

【解説】"满足" は「満足する」という意味で、"满足于＋目的語" の形で使われることが多いです。「目的語」の部分には、"待在原地（元の場所にい続ける）" のような動詞句が入る場合もあれば、"现状" "过去取得的成就" のような名詞句が入る場合もあります。

【例文】

① 人们都说 "知足者常乐"。但是我却没办法满足于现状。

「満足している人はいつも幸せだ」とよく言われますが、わたしはどうしても現状には満足できません。

② 满足于过去取得的成就只会让你以后做事畏首畏尾。

過去に達成したことに満足していては、これから先、何かをすることに尻込みしてしまうよ。

③ 金钱和地位已经没有办法满足他了。

(彼からすれば) お金や地位だけでは満足できなくなったのだ。

＊“満足”の直後に人を指す名詞が来る場合、その人を満足させるという他動詞の意味になります。

第七部

第二十五章－第二十七章

第二十五章

"人们都急着去坐火车啊。"小王子说："但是，他们并不知道自己在寻找着什么。所以，他们会生气。于是，他们就在同一个地方来回转圈圈……"

小王子继续说：

"他们明明没有理由像那样做的……"

我们找到的那口水井，和沙漠里的普通水井不同。沙漠里的水井一般都是在沙子里挖坑建造的。而这口井看上去和村子里的水井差不多。但是这附近并没有村落。我以为自己是在做梦。

"真不可思议啊。"我对小王子说："东西都很齐备。滑轮、水桶和绳索都有……"

小王子笑着一把抓住绳索，开始拉动滑轮。那滑轮就像一个很久没被风吹过的陈旧的风向标一样，吱吱作响。

"你听见了吗？"小王子说："是我们唤醒了这口水井。你听，它在唱歌……"

我不想让小王子一个人干活。

"我来吧。"我说："这对你来说太重了。"

■挖坑 穴を掘る　■滑轮 滑車　■水桶 つるべ　■绳索 ロープ　■风向标 風見鶏　■吱吱作响 きしんだ音を立てる　■唤醒 呼び覚ます　■唱歌 歌う

第25章

　「人間たちって、列車に乗ろうとして急ぐんだね」小さな王子さまは言った。「でも、自分が何を探しているのかわからないんだ。だから、腹を立てる。そして、同じところをぐるぐると走り回るんだ……」

　王子さまは続けて言った。

　「そんなことをする理由は一つもないのにね……」

　ぼくらが見つけた井戸は、サハラ砂漠にある普通の井戸とは違っていた。砂漠の井戸というものはたいてい、砂に穴を掘っただけのものだ。これは、村にある井戸のようだった。でもこのあたりに村はない。夢を見ているのかもしれないと思った。

　「不思議だね」ぼくは小さな王子さまに言った。「何もかも、そろってる。滑車も、つるべも、ロープも……」

　王子さまは笑って、ロープをつかみ、滑車を動かし始めた。滑車は、久しぶりの風を受けた古い風見鶏のように、きしんだ音を立てた。

　「聞こえるかい？」王子さまは言った。「ぼくらは井戸を目覚めさせたんだ。今はほら、歌ってる……」

　ぼくは、王子さまひとりに作業をやらせたくなかった。

　「ぼくがやろう」ぼくは言った。「きみには重すぎるよ」

小王子

慢慢地，我把水桶拉了上来，将它放在水井的外檐上。即使到现在，我的耳边还萦绕着滑轮的歌声。太阳光经过水面的反射照进我的眼睛。

"我想喝里面的水。"小王子说："让我喝一点吧……"

就在这时，我明白了小王子要寻找的东西！

我把水桶端到小王子的嘴边。小王子闭上眼睛，然后喝了起来。水很甜。水喝起来感觉就像节日庆典一般。这水并不只是单纯的饮用水。这水之所以尝起来很甜，是因为我们在布满星星的苍穹下漫步，听到了滑轮的歌声，再加上我用尽臂力将水打上来的缘故。这水能滋润我们的内心。就像礼物一样。这让我想起了小时候过的圣诞节。装饰圣诞树用的很多灯光，以及半夜听到的弥撒的音乐，都让我的内心充满了喜悦。这正是圣诞节才有的礼物啊。

■ 外檐 ふち　■ 嘴边 口元　■ 节日庆典 祝祭　■ 圣诞节 クリスマス　■ 弥撒 ミサ

　ゆっくりと、ぼくはつるべを引っ張り上げて、井戸のふちにのせた。今でも、耳の奥であの滑車の歌が聞こえる。水面に反射する太陽の光が見える。

「この水が飲みたい」王子さまは言った。「少し飲ませてよ……」
　この時、ぼくは、王子さまの探し物がわかったのだ！
　ぼくはつるべを王子さまの口元に持っていった。王子さまは目を閉じて、飲んだ。水は甘かった。それを飲むのは祝祭のようだった。この水は、ただの飲み水じゃない。これが甘いのは、ぼくらが星降る空の下を歩き、滑車が歌い、ぼくが腕に力を込めて汲んだからだ。この水は、心にいい水なのだ。贈り物みたいに。子どもの頃のクリスマスがよみがえってくる。ツリーを飾るたくさんの光や、真夜中のミサの音楽が、ぼくらの心を喜びで満たしてくれた。それこそが、クリスマスの贈り物だった。

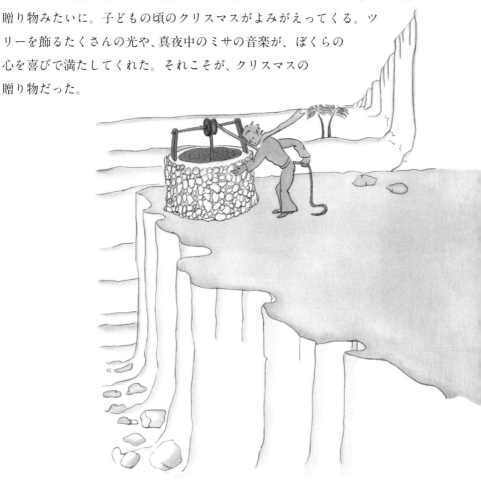

小王子

　　小王子说："这个星球上的人们，仅在一个花园里就种了五千朵玫瑰……即便如此，他们也没能搞清楚自己要寻找的是什么……"

　　"他们确实没搞清楚啊。"我回答说。
　　"要找的东西明明就在那一朵花和一杯水里……"

　　"的确如此。"我说道。
　　"但是我们无法用眼睛看到。必须得用心去看才行。"
　　我因为喝了水，所以感觉好多了。在早晨的阳光里，沙漠里的沙子呈现出蜂蜜的颜色。我十分满足地欣赏着它们。然而我为什么依旧有些伤感呢？
　　"你要遵守承诺啊。"小王子静静地说道。他坐在我的身旁。
　　"遵守承诺，什么承诺？"
　　"就是……就是我那只羊的嘴箍啊……我对那朵花是负有责任的。"

　　我从口袋里取出一幅画。小王子看到这幅画，于是笑了起来。

　　"你画的猴面包树，看上去就像卷心菜……"
　　"诶？"我明明对自己画的猴面包树很有自信的！
　　"还有狐狸也是……他的耳朵……看上去难道不像犄角吗……而且也太长了吧！"
　　小王子又笑了。我说：

■种 植える　■遵守承诺 約束を守る　■嘴箍 口輪　■卷心菜 キャベツ　■犄角 角

　小さな王子さまは言った。「この惑星の人たちは、たった一つの庭に5000本のバラを植える……それでも、探しているものを見つけられないんだ……」

　「見つけられないね」ぼくは応えた。

　「探し物は、たった一本のバラや、たった一杯の水の中に見つけられるのにね……」

　「ほんとうだね」ぼくは言った。

　「でもぼくらの目には見えない。心の目で見なければならないんだ」

　ぼくは水を飲んだおかげで、気分がよくなっていた。朝の光の中で、砂漠の砂ははちみつの色をしている。ぼくは満ち足りた気持ちでそれをながめた。なのになぜ、まだ悲しいのだろう？

　「約束を守ってね」王子さまは静かに言った。ぼくの隣にすわっていた。

　「約束って、なんの？」

　「ほら……ぼくのヒツジの口輪だよ……。ぼくは、あの花に責任があるんだ」

　ぼくは、ポケットから絵を取り出した。小さな王子さまはそれを見て、笑い始めた。

　「きみのバオバブは、キャベツみたいだね……」

　「えっ！」ぼくはバオバブの絵にはかなり自信があったのに！

　「それにキツネも……耳が……ちょっと角みたいじゃないか……それに長すぎるよ！」

　王子さまはまた笑った。ぼくは言った。

"你啊，你，这话说的就不公平了。毕竟我原本只会画大蟒蛇的里面和外面啊。"

"那就足够了。"小王子说："孩子们能看懂就行了。"

我给小王子的羊画了一个嘴箍。然而我的内心不知为何竟十分悲伤。

我对小王子说："你没有告诉我你所有的计划……"

但是小王子没有回答。他没有正面回答我的问题，他说：

"明天，就在明天，我自从掉落在地球上那天起正好过去一年了……"

接着，他沉默了一会儿说道：

"我掉落的地方，距离这里很近……"小王子的脸染成了浅浅的桃红色。

这次也是不知为何，我的胸口感觉奇怪地隐隐作痛，我问他说：

"这也就是说，我第一次遇见你的那个早晨，你并不是偶然走在沙漠中咯？你是为了回到你掉落的那个地方吧？"

小王子的脸变得更红了。他仍旧涨红着脸。我继续说：

"你一定是因为自从掉落那天起过去了一年，所以才想要回去对不对？"

小王子没有回答我的问题。但是，但凡当谁的脸颊染成了红色，那就意味着他承认了对吧？

"啊！"我说："我很担心你……"

但是小王子却说：

■ 公平 フェア　■ 计划 計画　■ 浅浅的桃红色 薄桃色　■ 承认 認める　■ 担心 心配する

「きみ、きみ、それはフェアじゃないよ。ぼくはもともと、大蛇ボアの内と外しか描けないんだからね」

「それでいいんだよ」王子さまは言った。「子どもたちにはわかるよ」

ぼくは王子さまのヒツジにはめる口輪を描いた。でもぼくの心は、なぜか悲しみに沈んでいた。

ぼくは王子さまに言った。「ぼくに話してくれてない計画があるんだね……」

でも王子さまは答えなかった。代わりにこう言ったのだ。

「明日は、明日はね、ぼくが地球に落ちてきてから1年になるんだ……」

そして、少し黙ってからこう言った。

「ぼくが落ちたところは、ここからかなり近いんだ……」王子さまの顔は薄桃色に染まった。

今度も、なぜだかわからないまま、ぼくは奇妙な胸の痛みにおそわれて、たずねた。

「ということは、ぼくがきみに初めて会った朝、砂漠を偶然歩いていたわけじゃなかったのかい？ 落ちた場所へ戻ろうとしていたんだね？」

小さな王子さまの顔はいよいよ赤みが増した。まだ頬を染めている。ぼくは続けた。

「きっと、地球に落ちてから1年だから、戻ろうとしていたんだね？」

王子さまは、ぼくの質問には答えなかった。でも、だれかが頬を染めるとき、それは「うん」ということだよね？

「ああ！」ぼくは言った。「ぼくはきみのことが心配だ……」

でも王子さまは言った。

"你必须得走了。回去，去修理你的飞机。我在这儿等着你。明天晚上，你再回来……"

我的心情一点也没有变好。我想起了那只狐狸。如果我们允许自己敞开心扉去亲近一个人，那我们就必须承担由此而变得伤感的危险……

 # 第二十六章

在水井的旁边，立着一道古老的石墙。第二天晚上，当我回来时，只见我的小王子坐在墙壁上。接着我听见他说：

"你不记得了吗？准确来说不是这里啊！"
一定是有人回应了他。因为小王子又说：
"啊，对呀，对呀！今天就是那个日子。但是不是这个地方……"

我朝着那道墙继续向前走。除了小王子之外，看不到任何人的影子也听不到任何人的声音。但是小王子却继续说：
"……那是当然。沙子上可以看到我的足迹。你只要等到我来就行了。因为今晚我就会去那里。"
我走到距离墙壁二十英尺的地方。即便如此，我依然看不到任何人。

■ 承担 背負う、冒す　■ 旁边 かたわら　■ 石墙 石の壁

「きみはもう、行かなきゃ。戻って、飛行機の修理をして。ぼくはここで待ってるよ。明日の夜、戻ってきて……」

ぼくの気持ちはちっとも晴れなかった。キツネのことを思い出していた。心を開いてなつかせることを許したら、つらい気持ちになる危険も冒すんだ……。

第26章

井戸のかたわらには、古い石の壁が立っていた。次の日の夜、ぼくが戻ると、ぼくの小さな王子さまが壁の上にすわっているのが見えた。そしてこう言うのが聞こえた。

「覚えていないの？ 正確にはここじゃなかったよ！」

だれかが答えたに違いない。王子さまは言い返している。

「ああ、そう、そうなんだ！ 今日がその日だよ。でも場所はここじゃない……」

ぼくは壁に向かって歩き続けた。小さな王子さま以外には、だれの姿も声もない。でも王子さまはまたこう言った。

「……もちろんだよ。砂の上にぼくの足跡が見えるよ。きみは、ぼくが来るのを待つだけでいいんだ。今晩、そこに行くから」

ぼくは、壁から20フィートのところに来ていた。それでも、だれも見えない。

过了一会儿，小王子问道：

"你的毒很不错吧？你确定我不用痛苦很长时间吧？"

我停住了脚步。我的心像被冻住了一样。但是我还是不明白。

"你走吧。"小王子说："我想从这墙上下来了。"

我将目光投向墙角，吓了我一跳！有一条只要三十秒就能夺走一条人命的黄色的蛇正抬头看着小王子。我拔出手枪，朝着墙壁跑了过去。听到了我的跑步声，那条蛇不紧不慢地在沙子上滑行，最后消失在石头缝里。

我终于跑到了墙壁那里，一把将小王子紧紧抱在怀里。小王子的脸，就像雪片一样苍白。

"这是怎么一回事？你为什么在和蛇说话？"

我给小王子解开围巾。接着擦了擦他额头上的汗。给他喂了一点水。但是，我害怕再问他什么问题。小王子注视着我，用他的两只胳膊紧紧搂住了我的脖子。我可以感受到他心脏的跳动。感觉就像是被枪打了之后，即将要断气了的鸟儿的心跳一样。小王子说道：

"你的飞机修好了真是太好了。这样你就可以回家了啊……"

"你是怎么知道的？"我惊叫道。我刚准备告诉他飞机修好的事！

■ 冻住 凍りつく　■ 夺走 奪う　■ 滑行 すべる　■ 额头 額　■ 断气 息絶える

少ししてから、王子さまがたずねた。

「きみのはいい毒なんだね？ あまり長く苦しまなくてもいいんだね？」

ぼくは立ち止まった。ぼくの心は凍りついた。でもまだわからなかった。

「もう行ってよ」王子さまは言った。「この壁から降りたいんだ」

ぼくは壁の足もとへ目をやって、跳び上がった！ 30秒で人の命を奪える黄色いヘビが、小さな王子さまを見上げていた。ぼくは銃を手に取り、壁に向かって走り出した。その音を聞きつけて、ヘビはゆるやかに砂の上をすべり、石の間に消えてしまった。

ぼくは壁にたどり着いて、王子さまを腕に抱きとめた。王子さまの顔は、雪のように蒼白だった。

「どういうことなんだ？ なぜヘビなんかと話してるんだ？」

ぼくは王子さまの襟巻きをほどいた。そして額を拭いた。少し水を飲ませた。でも、それ以上、たずねるのが怖かった。王子さまはぼくを見つめ、両腕でぼくの首に抱きついた。王子さまの胸の鼓動が伝わってきた。撃たれて、息絶えようととしている、鳥の鼓動のようだった。王子さまは言った。

「きみの飛行機が直ってよかった。
これで、きみは家に帰れるね……」

「どうして知ってるの？」
ぼくは叫んだ。ついに
直ったと、今言う
ところだった
のだから！

小王子

小王子并没有回答，他说：

"今晚，我也要回家了……"

小王子悲伤地补充道："尽管那很遥远，也更艰难……"

我感觉即将发生某种无法言说的可怕的事。我像怀抱婴儿一样将小王子搂在怀里。但是，我感觉无论我做什么，他都会朝着远离我的方向滑走。

小王子悲伤的眼神，游离在遥远的另一个世界。

我说："我带着你那只羊的画呢。我不但画了装羊的盒子，还画了嘴箍呢……"

小王子略显寂寞地微笑着。

我等了很长时间。小王子看上去稍微好了一些。我说：

"我亲爱的朋友啊，你担惊受怕了吧……"

不用说，他肯定很害怕！然而，他却温柔地笑着说："我到了今天晚上会变得更害怕……"

我又一次因为恐惧而僵在那里。接着，我一想到再也无法听到小王子的笑声了，我就感觉实在无法忍受。对我来说，他的笑声就如同是沙漠里的一口淡水井。

"我亲爱的朋友啊，我想再一次听到你的笑声……"

小王子只是淡淡地说了一句：

"今晚，自从我来到这里正好过去一年了。我的星球会来到我一年前掉落的地方的正上方……"

■ 艰难 難しい、つらい　■ 婴儿 赤ちゃん　■ 眼神 まなざし　■ 笑声 笑い声　■ 无法忍受 耐えられない

王子さまは答えずに、こう言った。

「今夜、ぼくも家に帰るよ……」

王子さまは悲しそうに付け足した。「もっと、ずっと遠くて、もっとずっと難しいけれど……」

何か、はかりしれない、恐ろしいことが起きようとしていた。ぼくは、王子さまを赤ちゃんを抱きしめるように腕に抱いた。でも、たとえ何をしても、王子さまがすり抜けて離れていくのを感じた。

王子さまの悲しげなまなざしは、はるかかなたをさまよっていた。

ぼくは言った。「きみのヒツジの絵があるよ。ヒツジの入る箱もあるし、口輪もあるよ……」

王子さまは寂しそうに微笑んだ。

ぼくは長いこと待った。王子さまは少しよくなったように見えた。ぼくは言った。

「ぼくの大切な友よ、怖かっただろう……」

怖かったに決まっている！　なのに、王子さまはやさしく笑って言った。「ぼく、今夜になればもっと怖いよ……」

ふたたび、ぼくは恐怖に凍りついた。そして、王子さまのこの笑い声がもう二度と聞けなくなるのかと思うと、とても耐えられないことに気付いた。ぼくにとって、あの笑い声は砂漠の中の真水の井戸のようだったのだ。

「ぼくの大切な友よ、きみの笑い声をもう一度聞きたい……」

王子さまはただこう言った。

「今夜、ぼくがここに来てからちょうど1年になる。ぼくの星は、ぼくが1年前に落ちた場所の真上に来るんだ……」

"我的朋友啊，请告诉我那条蛇和星星的事都只是噩梦吧。"

但是小王子没有回答我的话。接着他说：

"最重要的东西是无法用眼睛看到的……"

"确实如此……"

"我的花也是这样。如果我爱着在某个星球上盛开的一朵花，那么每当我仰望星空就会觉得欢喜。因为所有的星星，看上去都像花一样。"

"你说的很对……"

"水也是一样的。你给我喝的水，就像是音乐一样。就连那滑轮和绳索也在歌唱……看吧，你还记得吧……多么美妙啊。"

"你说的没错……"

"到了晚上你去看看星星。我的星球，我的家，它很小，没办法给你指出它在哪儿。但是那样更好。因为我的那颗小星球，会成为众多星球中的一个。所以你会喜欢上看所有的星星。所有的星星都会成为你的朋友。在那之后，你就会收到我的礼物……"小王子又笑着说：

"啊，朋友啊，朋友，我真是太喜欢听你的笑声了！"

"是嘛。那就是来自我的礼物啊……就像刚才的水一样。"

"什么意思？"

"星星的意义会因为看它的人不同而不同。对于旅行的人来说，星星能为他们导航。对于其他的人来说，星星只是空中的一束小小的光。对于学者来说星星是研究的对象，对于我遇到过的企业家来说，星星是金子做的。但是无论哪颗星星都不会发出声音。但是你，你的星星，和其他人的星星都不同……"

■ 噩梦 わるい夢　■ 导航 導きとなる、道案内する

「友よ、このヘビと星の話は、ただのわるい夢だと言っておくれよ」

でも王子さまは、ぼくのことばに答えなかった。そしてこう言った。

「いちばん大切なものは目には見えない……」

「そうだね……」

「ぼくの花もそうだ。どこかの星に咲いている一輪の花を愛したら、夜空を見上げるのが嬉しくなる。星がぜんぶ、花に見えるから」

「そのとおりだ……」

「水だって同じだ。君が飲ませてくれたあの水は、音楽のようだった。滑車も、ロープも歌ってた……。ほら、思い出すだろう……素敵だった」

「そうだね……」

「夜になったら星を見てね。ぼくの星、ぼくの家は、小さすぎて、どこにあるのかきみに見せてあげられない。でもそのほうがいいんだ。ぼくの小さな星は、たくさんの星の一つになるんだからね。だからきみは、星ぜんぶを見るのが好きになるよ。ぜんぶの星が、きみの友達になるんだ。それから、贈り物をきみにあげるよ……」王子さまは、また笑った。

「ああ、友よ、友よ、きみの笑い声を聞くのが大好きだ！」

「そう。それがぼくの贈り物だよ……、さっきの水みたいにね」

「どういうこと？」

「星の意味は、見る人によって違うよね。旅行者には、星は導きとなってくれる。ほかの人にとっては、空にある小さな光でしかない。学者にとっては星は考える対象だし、ぼくの出会った実業家にとっては、星は金でできているんだ。でもどの星も音を立てない。でもきみ、きみの星は、ほかのだれのとも違う……」

"什么意思？"

"你会在夜晚眺望星空……然后，因为我住在众多星星中的一个上面，而我会在那个星星上笑，所以你就会听到所有的星星都在笑。只有你才拥有会笑的星星！"

小王子又笑了。

"然后，当你再次被幸福感所包围时（无论什么时候，只要过一段时间悲伤总是会缓解的），你一定会觉得认识我真好。因为你永远都是我的朋友。你会想要和我一起笑。因此时不时地，你会打开窗户……然而你的朋友们看到你仰望星空发笑的样子都会觉得吃惊吧。这时你就这样对他们说，'就是这样。我一看到星空，就总是忍不住要笑出声来！'大家大概都会觉得你的脑子有问题吧。都是我让你做出如此奇怪的事啊……"

小王子又笑着说：

"这就好像我没有给你星星，而是给你一大堆会笑出声的小铃铛……"小王子又笑了。接着，他变回之前严肃的样子，说道："今晚……你不可以回来啊。"

我说："我是不会离开你的。"

"我看上去很痛吧……看上去就快要死了吧。看上去就是这个样子。所以，你不可以回来看我……一定不要回来看我。"

"我是不会离开你的。"

■ 缓解 やわらぐ　■ 脑子有问题 頭がおかしい　■ 铃铛 鈴　■ 严肃的样子 真顔

「どういうこと？」

「きみは夜、空を眺める……そして、ぼくが空一杯の星の一つに住んでいるから、ぼくがその星で笑ってるから、きみには、星という星が笑ってるように聞こえるよ。笑う星々を持つのはきみだけだ！」

王子さまはまた笑った。

「そして、きみがまた幸福な気持ちに満たされた時には（どんなときでも、しばらくたてば悲しみは必ずやわらぐよ）、ぼくと知り合ってよかったって思うよ。きみはずっとぼくの友達だもの。きみはぼくと一緒に笑いたくなるよ。だから時々、窓を開ける……そしてきみの友達はみんな、きみが空を見上げて笑ってるのを見て驚くだろう。そしたらこう言ってやるんだ。『そうなんだよ。星空を見ると、いつも笑いがこみあげてくるんだよ！』みんな、きみの頭がおかしいと思うだろう。ぼくはきみに、すごくおかしなことをさせてしまうわけだね……」

王子さまはまた笑った。

「星の代わりに、笑いさざめく小さな鈴をたくさん、きみにあげたみたいになるね……」王子さまはまた笑った。それから、真顔にもどって、言った。「今夜……、ねえ、きみは戻ってきてはいけないよ」

ぼくは言った。「きみのそばを離れない」

「ぼくは痛がっているように見えるだろう……死にかかっているように見えるだろう。そんなふうに見えるんだよ。だから、戻ってきて見てはいけない……見に来ることないんだよ」

「きみのそばを離れないよ」

小王子

小王子很担心。

"我这样说，"小王子说道："是因为考虑到蛇的事。我不想让你被咬。蛇有时会做出格的事。它咬你就跟好玩儿一样……"

"我是不会离开你的。"

但是，想到了另一件事，小王子似乎就感觉舒坦了许多。"蛇毒只够一个人的……"

那天晚上，我没有察觉到小王子的离开。没有任何声响，他就消失了。我好不容易追上了他，他却在快步地走着。他只说了一句：

"啊！你还是来了……"

接着他拉过我的手。然而他还是看上去很担心。

"你本来不应该来的。这会让我更伤心。虽然我看上去快要死了，但是事实并不是那样的……"

我一句话也没说。

"你应该明白吧。我的家十分遥远。我不能把自己这个身体带过去。它太沉了。"

我一句话也没说。

■咬 噛む　■出格的事 とんでもないこと　■身体 体　■沉 重い

　王子さまは心配していた。

　「ぼくがこう言うのは」王子さまは言った。「ヘビのことがあるからだよ。きみが嚙まれるのは嫌だ。ヘビは時々とんでもないことをする。おもしろ半分で嚙んだりするんだ……」

　「きみのそばを離れないよ」

　でも、別のことを思いついて、王子さまは気が楽になったようだった。「ヘビの毒は、一人分しかないんだった……」

　その夜、ぼくは王子さまが立ち去るのに気付かなかった。音もなく、消えてしまったのだ。ようやくぼくが追いついたとき、王子さまは足早に歩いていた。ただこう言った。

　「ああ！　来たんだね……」

　そしてぼくの手をとった。それでもまだ心配そうだった。

　「君は来たらいけなかったんだよ。悲しくなるだろうからね。ぼくは死ぬように見えるかもしれないけど、本当はそうじゃないんだよ……」

　ぼくは一言も言わなかった。

　「きみはわかるよね。ぼくの家はとても遠い。この体を持っていくことはできないんだ。重すぎるんだよ」

　ぼくは一言も言わなかった。

"但是身体就像是一个空的躯壳，一层老树皮。所以我并不伤心……"

我一句话也没有说。

小王子明明很伤心，他却表现得很开朗。

"那一定感觉很美好。对吧。和你一样，我也会眺望星空。所有的星星都像是带有生了锈的滑轮的水井。它们都会给我倒水喝……"

我一句话也没有说。

"这太棒了！因为这样你就有了五亿个铃铛，我就有了五亿口井……"

接着小王子也沉默了。因为他在哭……

"就到这里吧。从这里开始，我要一个人走了。"

小王子害怕地坐了下去。他还是继续说：

"诶……我的花……我对那朵花是负有责任的！她是那么的纤弱！而且她什么也不知道。她为了对抗全世界保护自己，只长了四根小小的刺……"

我已经无力再站着了，于是坐了下来。小王子说：

"你知道的……仅靠那些刺……"

■ 空的躯壳 ぬけ殻　■ 生锈 さびる　■ 对抗 立ち向かう

「でも体はぬけ殻みたいな、古い木の樹皮みたいなものだよ。だから悲しくないんだよ……」

ぼくは一言も言わなかった。

王子さまは悲しかったのに、明るくふるまおうとしていた。

「きっと素晴らしいよ。ねえ。きみと同じように、ぼくも星を眺めてるよ。どの星もぜんぶ、さびた滑車の付いた、真水の井戸みたいになるんだ。そして星という星が、ぼくに水を飲ませてくれるんだ……」

ぼくは一言も言わなかった。

「本当に素敵だろうなあ！　きみは5億の鈴を持ち、ぼくは5億の井戸を持つことになるんだから……」

そして王子さまも黙った。泣いていたから……。

「ここだよ。ここから先は、ひとりで歩いて行くよ」

王子さまは怖さですわり込んだ。それでもしゃべり続けた。

「ねえ……ぼくの花……ぼくはあの花に責任があるんだ！　あんなにか弱いんだもの！　それに何にも知らないんだ。世界ぜんぶに立ち向かって自分を守るのに、小さなトゲが4つあるだけなんだよ……」

ぼくは、もう立っていられなくなってすわり込んだ。王子さまは言った。

「わかるよね……、それだけ……」

小王子只吸了一口气就站了起来，他向前迈了一步。我还是没办法动。

小王子的脚踝周围，闪着一丝忽明忽暗的黄色的光。就在一瞬间，小王子不动了。他也没有发出任何声音。接着，他就像树木倒下一样，慢慢地跌下去。没有发出任何声响。因为他倒在了沙漠的沙子上。

第二十七章

这已经是六年前的事了……至今为止，我还没有提起过这件事。我的朋友们知道我还活着都为我高兴。尽管我的心已然沉寂，但是我还是对他们说："我只是累了而已……"

■ 迈 踏み出す ■ 脚踝 足首 ■ 忽明忽暗 かすかに閃く

　小さな王子さまは、ほんの一呼吸おいて立ち上がり、一歩、前に踏み出した。ぼくは動けなかった。

　王子さまの足首のあたりに、黄色い光がほんのかすかに閃いた。一瞬、王子さまは動かなくなった。声もあげなかった。そして、木が倒れるようにゆっくりと、崩れ落ちた。物音ひとつしなかった。砂漠の砂の上だったから。

第27章

　これはもう、6年も前の話だ……。今まで、この話をしたことはない。ぼくの友達は、ぼくが生きていることを知ってとても喜んでくれた。ぼくの心は沈んでいたけれど、彼らにはこう言った。「疲れているだけだよ……」

小王子

　　如今我的悲痛略有些缓解。我之所以这样说……是因为它并没有完全消失。但是我知道小王子已经回到自己的星球上去了。因为当我第二天早上回来时，在哪儿都找不到小王子的身体。再加上他的身体也并不大。所以如今，只要一到夜晚，我就会期待地朝向星空的方向侧耳倾听。听上去就好像有五亿个铃铛似的……

　　只是，有一件事我不太明白。我虽然给小王子画了羊的嘴箍，但是却忘了给它拴绳子！小王子应该没办法给羊带上嘴箍吧。我自问道："小王子的星球上发生了什么呢？难不成羊把花给吃了……"

　　有一次我对自己说："一定不会发生那种事的！小王子每晚都会给花罩上罩子，而且他也会小心地看着那只羊……"像这样想，我就放松多了。不一会儿，我就能听见所有星星温暖的笑声了。

　　还有的时候我会这样想："但是无论是谁都有忘事的时候。然而仅仅忘记一次，就有可能造成无法挽回的结果！他可能只有一次会忘记给花罩罩子，或是在某个夜晚，羊可能会从盒子里逃脱出来……"这样的话，我所有的铃铛都会开始哭泣！

　　只有这件事是一个很大的奥秘。因为对于我们这些非常喜欢小王子的人来说，无论在什么地方，因为什么原因，如果有一只我们不认识的羊吃了一朵花，或是没有吃掉一朵花，那么宇宙的样子就会变得全然不同……

　　我想请你抬头仰望天空，并思考这个问题"那只羊是吃了那朵花，还是没吃那朵花？"然后，你就会发现任何事看上去都不再相同了……

　　任何一个大人都不会明白这个问题为何如此重要！

■ 侧耳倾听 耳を澄ませる　■ 拴绳子 ひもをつける　■ 难不成 もしかしたら　■ 奥秘 神秘

今では少しだけ、悲しみもやわらいだ。ということは……、完全に消えたわけじゃない。でもぼくは、小さな王子さまが自分の星に帰って行ったことを知っている。翌朝戻ってみたら、王子さまの体がどこにもなかったからだ。あまり大きな体ではなかったし。だから今、夜になると、ぼくは星空に向かって耳を澄ませるのを楽しみにしている。5億もの鈴が鳴り響いているようだ……。

ただ、不可解なことが一つある。ぼくは小さな王子さまにヒツジの口輪を描いたのだが——ひもをつけるのを忘れてしまったのだ！王子さまは、ヒツジに口輪をはめられないだろう。ぼくは自問する。「王子さまの星で、何が起こったのだろう？もしかしたらヒツジが花を食べてしまったかもしれない……」

あるときは、自分に言い聞かせる。「そんなこと、もちろんないさ！王子さまは毎晩、花にケースをかぶせるし、ヒツジも注意深く見張っているから……」そう思うと、気が楽になる。すると、星という星がぜんぶ、やさしく笑っているのが聞こえるのだ。

また別のときにはこう思う。「だれでも時々は忘れたりするものだ。でも1回忘れただけで、もう駄目かもしれないんだぞ！一度だけ、花にケースをかぶせ忘れたかもしれないし、ある晩、ヒツジが箱から出てしまったかもしれない……」すると、ぼくの鈴はぜんぶ、泣き始めるのだ！

これこそ、大いなる神秘だ。小さな王子さまが大好きなぼくたちにとっては、どこかで、なぜか、見たこともないヒツジが、ある花を食べてしまったかどうかで、宇宙全体が変わってしまうのだから……。

空を見上げて、考えてみてほしい。「あのヒツジはあの花を食べたか、それとも食べなかったか？」すると、何もかもが変わって見えることに気づくだろう……。

おとなときたら、これがどうして大切なのか、ひとりもわからないのだ！

小王子

　　对于我来说，这里是世界上最美丽，也是最悲伤的地方。这里画的和上一页是同一个地方。为了让大家看看，我就又画了一次。小王子最初来到这里，又从这里离开。如果什么时候你们有机会来到非洲的沙漠旅行，一定要好好看看这幅画，以便能认出这个地方。如果你们真的找到了这个地方，一定不要急着走。请你们驻足在原地，哪怕就一会儿，也请试着站在小王子星球的正下方！这时如果有个孩子靠近你，如果他笑了起来，如果他长着金色的头发，完全不回答你的问题，那么你一定知道他是谁。那时，就麻烦你们了，请体谅一下我！请抚平我的悲伤。马上写信给我，告诉我这件事。告诉我小王子又回来了……

■ 驻足在原地 立ち止まる　■ 靠近 近づく　■ 体谅 思いやる、(他人の)気持ちを理解する　■ 写信 手紙を書く　■ 告诉 知らせる

　これは、ぼくにとって、世界でいちばん美しく、いちばん悲しい場所だ。前のページと同じ場所だ。みんなに見てもらうために、もう一度、描いた。小さな王子さまは最初にここに着いて、ここから去って行った。いつかきみたちが、アフリカの砂漠を旅することがあれば、この場所を見分けられるように、しっかりと見ておいてくれ。そしてもしこの場所に行き会ったら、先を急いだりしないでくれ。立ち止まって、少しの間だけ、小さな王子さまの星の真下に立ってみてくれないか！　そしてもし、子どもがひとり近づいてきたら、そして笑ったら、その子が金色の髪をして、きみの質問にちっとも答えなかったら、それがだれだかきっとわかる。そうしたら、お願いだから、ぼくにやさしくしておくれ！　ぼくの悲しみを和らげておくれ。すぐにぼくに手紙を書いて、知らせておくれよ。星の王子さまが帰ってきたと……。

END

覚えておきたい中国語表現

这正是圣诞节才有的礼物啊。（p.178，最終行）
それこそが、クリスマスの贈り物だった。

【解説】「まさに」「こそ」という意味を表す中国語として"正是"があります。ここでは、「砂漠にある井戸から汲んだ水」こそ、「クリスマスの贈り物」だということを言っています。"正是"は口語でも使いますが、比較的堅い表現ですので、日常会話のシーンでは同じ意味の"才是""就是"を使うことをお勧めします。

【例文】
① "爆竹声声辞旧岁，春联户户迎新春"，这正是过年该有气氛。
　　「旧年の終わりを告げる爆竹の音、新年を迎える家々の春聯」は、まさに新年を迎える雰囲気にふさわしいものだ。

　　＊爆竹を鳴らすことと、春聯（赤い紙に各種縁起の良い対句を書いたもの）を家の入口に貼ることは中華圏における春節(旧正月)の風習の一つだったのですが、近年、人々が仕事で忙しくなったことや安全上の理由などによってだいぶ廃れている感じがします。

② 在日本三月底正是搬家的旺季，所以你要做好花钱的准备。
　　3月末は日本では引っ越しのピークシーズンだから、かなりの出費を覚悟した方がいいよ。

　　＊"旺季"は「ピークシーズン」という意味を表す言葉です。また、"做好……的准备"は「〜の準備をする」という意味で、"花钱"は「お金を使う（ネガティブな意味で使われることが多い）」という意味を表します。

但凡当谁的脸颊染成了红色，那就意味着他承认了对吧？
（p.182，下から4–3行目）
だれかが頬を染めるとき、それは「うん」ということだよね？

【解説】「…で／しさえすれば…」という最低条件の意味を表す場合、"但凡……就/都……"は便利な接続表現です。第三部の最初に説明した"只要……就……"と類義語です。例文②までは"只要……就……"とほとんど言い換えられますが、例文③のように最低限ぎりぎりの必要条件を表す場合は、"只要……就……"しか使えません。

【例文】

① 但凡有人问我找没找对象，我都会无视他的存在。
　恋人はいるかって誰かに聞かれるたびに、その人を無視すると決めたんだ。

② 但凡有人需要我的帮助，我都会毫不犹豫地伸出援手。
　誰かが私の助けを必要としている時は、いつでも迷わず手を差し伸べます。

③ 只要用心学习，没有什么是弄不明白的。
　一生懸命勉強すれば、わからないことはない。

"最重要的东西是无法用眼睛看到的……"
"确实如此……"（p.190，3-4行目）
「いちばん大切なものは目には見えない……」
「そうだね……」

【解説】相手の言うことに同意する場合、"确实如此""你说得对""你说的没错" などは使いやすい表現です。ただし、仕事の面接などかしこまった場面や目上の人に同意するときは、"您说的很/非常对（例文③）" のように、"你" より丁寧度の高い "您" に変えたり、"很/非常" のような程度の高さを示す副詞を添えたりするのが無難です。

【例文】

① "你说的很对……"
　「そのとおりだ……」

② "你说的没错……"
　「そうだね……」

③ "您说的很/非常对。"
　「まさにおっしゃる通りでございます」

"我是不会离开你的。"（p.192，下から4行目）
「きみのそばを離れない」

【解説】"是……的" は「…のだ」という強調の意味を表すときの便利な言い方です。外国人が日本語の「のだ」をなかなかうまく使えないのと同じように、"是……的" も一見簡

単そうに見えますが、実はなかなか上手に使うのが難しい表現です。場数を踏む以外に上達する方法はないのかもしれません。

【例文】

① 别问了，我是不会告诉你的。

これ以上聞かないでください。教えませんからね。

② 毕竟他是这个公司的创始人。我猜他是不会简简单单就把自己的公司拱手让人的。

なにしろ、彼はこの会社の創業者なんだから。簡単に会社を手放さないんだろう。

③ 你是不会明白我的感受的。

あなたには私の気持ちがわからないでしょう。

我之所以这样说……是因为它并没有完全消失。（p.200, 1-2行目）

ということは……、完全に消えたわけじゃない。

【解説】「…のは、…からだ」という意味を表す場合、"之所以……是因为……"はとても使い勝手の良い表現です。物事が生じた背後にある原因や理由を説明する場面で使われるのが普通ですが、例文①のように自分のやったことを正当化する場合にも使われます。

【例文】

① 我之所以告诉你这个秘密，是因为我把你当朋友看。

この秘密を話すのは、あなたを友達として見ているから。

② 物价之所以飞速上涨，是因为战争导致能源供不应求。

物価が高騰しているのは、戦争によってエネルギーが供給不足になっているからだ。

③ 夏威夷之所以能成为旅游胜地，是因为它有着得天独厚的地理位置。

ハワイが観光地として注目されているのは、そのユニークなロケーションにあります。

> 难不成羊把花给吃了……　（p.200，8行目）
> もしかしたらヒツジが花を食べてしまったかもしれない……

【解説】"难不成"には2つの異なる用法があり、1つは不確実な状況で推論を行う場合の用法です。日本語で言うと、「もしかしたら…かもしれない」という意味になります。もう1つは、以下の例文が示すように「まさか…とでも言うか」という意味で、反語文に用いて肯定の意味を表すという用法です。

【例文】

① 你这样说难不成是在怀疑我吗？

　私を疑っているからそう言っているんですか？

② 我难不成还会害你吗？

　私はあなたを傷つけるとでも言うのか？

③ 你是他的上司，他难不成会和你作对？

　あなたは彼の上司です。彼はあなたに逆らうとでも言うんですか？

［IBC 対訳ライブラリー］

中国語で読む星の王子さま

2023年4月6日　第1刷発行
2024年3月9日　第2刷発行

原著者　サン＝テグジュペリ
中国語　羅　漢

発行者　浦　晋亮

発行所　IBCパブリッシング株式会社
　　　　〒162-0804 東京都新宿区中里町29番3号 菱秀神楽坂ビル
　　　　Tel. 03-3513-4511　Fax. 03-3513-4512
　　　　www.ibcpub.co.jp

印刷所　株式会社シナノパブリッシングプレス

ISBN978-4-7946-0755-3

ISBN978-4-7946-0755-3
C0087 ¥2400E

定価（本体2,400円＋税）
IBCパブリッシング

IBC対訳ライブラリーの特

Wisdom 世界の名著や偉人伝を、やさしくて読みやすい中国語と日本語の対訳で展開。ストーリーを楽しみながら読み進めるうちに、自然な中国語の表現や読解力が身に付きます

Practical 本文の中国語の中から、よく使われている表現をピックアップ！ 豊富な例文とともに解説しているから、リアルに使える中国語を覚えることができます

Stress-free 各ページの下欄に重要語句・表現のワードリスト付き

Convenient ネイティブの中国人ナレーターによる朗読音声（MP3）付き。QRコードからスマホで再生できるから、スキマ時間に繰り返し聞いてリスニング力もアップします

音読
JAPAN
ヤーパン

ドイツ語でニッポンを語ろう！

浦島 久（著）　Charles De Wolf（訳）